懂会计
才叫会理财

[日] 天野敦之 / 著

胡玉清晓 / 译

中国科学技术出版社

·北 京·

Original Japanese title: KAIKEI NO KAMISAMA GA OSHIETEKURETA OKANE NO RULE
Copyright © Atsushi Amano 2020
Original Japanese edition published by Nippon Jitsugyo Publishing Co., Ltd.
Simplified Chinese translation rights arranged with Nippon Jitsugyo Publishing Co., Ltd.
through The English Agency (Japan) Ltd. and Shanghai To-Asia Culture Co., Ltd

北京市版权局著作权合同登记 图字：01-2021-7175。

图书在版编目（CIP）数据

懂会计才叫会理财 /（日）天野敦之著；胡玉清晓
译. 一北京：中国科学技术出版社，2022.1
    ISBN 978-7-5046-9294-8

Ⅰ. ①懂… Ⅱ. ①天… ②胡… Ⅲ. ①会计学－基本
知识 Ⅳ. ① F230

中国版本图书馆 CIP 数据核字（2021）第 229380 号

策划编辑	申永刚　陈　颖		**责任编辑**	申永刚	
封面设计	马筱琨		**版式设计**	锋尚设计	
责任校对	张晓莉		**责任印制**	李晓霖	

出　　版	中国科学技术出版社
发　　行	中国科学技术出版社有限公司发行部
地　　址	北京市海淀区中关村南大街 16 号
邮　　编	100081
发行电话	010-62173865
传　　真	010-62173081
网　　址	http://www.cspbooks.com.cn

开　　本	880mm×1230mm　1/32
字　　数	108 千字
印　　张	7.5
版　　次	2022 年 1 月第 1 版
印　　次	2022 年 1 月第 1 次印刷
印　　刷	北京盛通印刷股份有限公司
书　　号	ISBN 978-7-5046-9294-8/F·959
定　　价	49.00 元

前　言

　　15世纪下半叶，意大利文艺复兴时期。这一时期的意大利商人掌握了被后世称为人类最伟大发明之一的宝藏，它就是以复式簿记[1]为基础的"会计智慧"。

　　首次将这一会计智慧以著作的形式进行系统总结的是被称为"现代会计之父"的数学家卢卡·帕乔利[2]。近代会计推动了商业的蓬勃发展，也催生了股份公司和工业革命。

　　21世纪，日本令和时代。一位沉闷的上班族遇到了降临当代的卢卡·帕乔利，学会了"金钱法则"，人生也由此发生了很大的变化。

---

[1] "单式簿记"的对称。采用复式记账的簿记。复式记账是会计工作中对每一项经济业务按相等金额在两个或两个以上有关账户相互对应地同时进行登记的记账方法。——译者注

[2] Luca Pacioli（1445—1517），意大利数学家，被称为"现代会计之父"，同时也是一名修士。

目 录

第1章

"会计力"？但是我在销售部

第 **2** 章
利用复利赚钱

第**3**章
借助他人之力发挥杠杆作用

第 **4** 章
想象资金流动加快周转速度

第 **5** 章
把握损益结构创造价值

第 1 章

"会计力"？但是
我在销售部

➡ "现代会计之父" 卢卡·帕乔利现身

"说实话,这样的工资是不合适的。"我向邻座的冈田搭话。今天是公司销售部二科的酒会,我的工作主要是面向公司法人,负责"销售支持系统"的软硬件销售。我和冈田是同一年进入公司的,今年是我们进入公司的第四年,我和他都在半年前刚被晋升为主任。虽说升职了,但工资的涨幅很小,而且还肩负着照顾下属的重要职责。作为改革工作方式的一方面,公司明令禁止加班,但工作量却并未减少,这使得我们不得不把工作带回家做。我的工资不算太低,但与工作时间并不匹配。

"松井,你真是没有会计力[1]啊。"我回头一看,是销售科长小林女士。她什么时候坐在那里的呢?明明刚才她

---

[1] 此处"力"指适当理解、解释、分析、表达并加以灵活运用的能力。

还在另外一桌。

"你是商学系出身的，那应该有簿记证书吧，这真是'抱着金碗挨饿'呀。"我的上司小林女士是公司最年轻的销售科长，也是一位女强人。她说话直接，不会拐弯抹角，为此深得上司信任，也很受下属的欢迎。只是她有一个缺点，那就是喝酒之后会语中带刺。当然，这也是她个人魅力的一部分，但如果被她当成目标就会很难受。

"那，会计力是指什么呢？"

"灵活运用会计知识的能力，做生意的时候，拥有簿记几级证书，能否分项入账，说白了这些都没关系，最重要的是学以致用。"

"灵活运用会计知识的能力……"我小声嘟囔。我是商学系出身的，也上过会计课，考取了簿记3级❶证书。但因为对会计工作缺乏兴趣，所以找工作的时候致力于找

---

❶ 簿记资格分为日商簿记、全商簿记、全经簿记三种。一般来说，簿记资格多指日商簿记。3级只包括商业簿记，2级分为商业簿记和工业簿记。

销售工作，最终也如愿被分到了销售部。从事销售工作几乎没有用到簿记和会计知识的机会，因此我都几乎忘了自己是商学系出身以及拥有簿记证书的事了。

"但是，销售工作要怎么运用会计知识呢？"

"你已经是主任了，不是新人，这些问题要学会自己思考。"

究竟要如何运用会计知识呢？我已经完全忘了所学的会计相关内容，可能需要重新学习。

"我想，如果你掌握了会计力，就不会说'工资不合适'这种话了。"

会计力，灵活运用会计知识的能力。这究竟是什么意思呢？我试着用手机查了一下谷歌，但是维基百科上并没有写，我没有找到明确的答案。这恐怕是小林女士原创的理论吧。

我心里惦记着小林女士的话，带着疑问跟大家一起转战卡拉OK，结束之后带着醉意坐上了回家的末班电车。

我出生在静冈，因为考上了东京的大学而开始了一个人在东京的生活，工作后也一直住在东京。本想着和大学时代就开始交往的女朋友一起住，所以半年前晋升主任之后我就搬进了稍微大一点的房子，但在那之后不久就和她分手了。此后我开始了公司和家两点一线的生活，既没有新的邂逅，生活中也没有什么所谓的高光时刻。我对工作感觉不到热情，也没有什么特别的兴趣爱好。说起来工资并不低，但不知道为什么在金钱上总是很紧张。上个月刚迈入26岁，我不禁感叹：我的人生就这样了吗？

"啊，会计力啊！"我一边自言自语，一边从书架上取下布满灰尘的会计学的书。当初买这本书是作为大学课程的补充资料，但是由于内容太难所以只读了前面的部分。搬家的时候我本想把它处理了，但想着是3000日元买来的书，这样扔掉有点可惜，于是就留了下来。我拿着书躺在床上开始翻阅。第一章是"会计的历史"，其中写到近代会计的基本——复式簿记诞生于文艺复兴时期。1494年，《算术、几何、比及比例概要》一书中首次总结了文艺复兴时期商人们使用的复式簿记的结构，其作者数学家卢卡·帕乔利被称为"现代会计之父"，他同时也是一名修士。

"卢卡·帕乔利啊，我还记得考试考到了这个人名，我当时临阵磨枪，花了一晚上的时间复习。不过卢卡·帕乔利这个名字真是有点奇怪。"我一边回忆往事一边继续阅读。会计书实在是很无趣，这些知识真的能用在工作上吗？想着想着困意袭来，我就这样睡着了。

"喂，你说谁的名字奇怪！"

感觉到好像有人在跟我说话，我在蒙眬中醒来。

嗯？我是在做梦吗？

"喂，你说谁的名字奇怪！"

不是梦，是真的有人在。

"你是谁？"

在我床边触手可及的地方，站着一位高个子的男性，他穿着黑色僧袍一样的衣服，带着一副冷酷的表情注视着我。难道是小偷？

"喂，喂，我家没有值钱的东西！"我颤抖着声音对他大喊。

"不必慌张，我是因为听到你在讲关于我的奇奇怪怪的话，才想出来一探究竟的。"

奇奇怪怪的话，我刚才说了什么吗？不行，必须马上报警。我这样想着，赶忙去找手机。糟糕的是，手机刚好放在男子的身后充电。

"你刚才是不是说我的名字奇怪，还边说边笑？"

这个人到底是谁，听口音是蹩脚的关西腔。房间里出现一位陌生男子，不管怎么想都是一件危险的事情吧。但或许是这个蹩脚的关西腔的缘故，这一刻屋里的紧张感竟然有所缓解。我冷静下来仔细观察，虽然这位男子摆出一副冷酷的表情，但这张脸并不让人生厌。据我目测，他的年龄应该在50岁上下。

"别看我这样，其实我是个数学家，也是个修士。"

"是数学家也是修士……莫非您就是卢卡·帕乔利？！"

"是的，我是卢卡·帕乔利。"

➡ "会计力"? 但是我在销售部

不会吧，我记得睡前确实调侃过卢卡·帕乔利的名字奇怪，难道他在我睡觉之前就在我房间里了？这不是在开玩笑吧。

"您是文艺复兴时期的人吧，那个时代的人怎么可能活到现在。瞧我在说些什么奇奇怪怪的话。"

"不要在意这些细节，话说，你被别人说没有会计力是吧。"

"您怎么会知道呢？"

这一定是梦，我被小林女士的话刺激到了，所以做了这样的梦，一定是这样的。

不料男子又说：

"你上司的话没错，你的工作和生活都不顺利，原因就在于欠缺会计力。"

"那会计力是什么呢？"

"你上司不是告诉过你，会计力就是灵活运用会计知识的能力，这么快就忘了吗?"

"不，我记得，只是我之前没怎么听说过会计力这个说法。请问您认识小林女士吗?"

"不认识，我只是能看透一切。"

这真是一个好梦，那我为何不在梦醒之前多请教一些呢?

"那个……我在销售部，我想请问您，销售工作为什么需要会计知识呢?"

卢卡·帕乔利无奈地耸耸肩，叹了一口气，说道:

"你呀，真是什么也不懂。不仅是销售，做任何工作最好都要掌握会计知识。"

做任何工作最好都要掌握会计知识，这是真的吗? 不过说起来，找工作的时候，我听过社会人必备的三项技能是英语、会计、信息技术这一说法。我之所以去考簿记三级，也是想着懂一点会计知识更容易找工作。但是进入公司之后从来没有用到过簿记知识，我也就把社会人必备的三项技能是英语、会计、信息技术这一说法抛诸脑后了。

"再进一步说，不管是家庭主妇还是学生，只要生活在这个社会上就有必要掌握会计知识。"

"啊？不工作也需要会计知识吗？"

"没错，人活着就不能不和钱打交道吧？既然如此，会计知识就不可或缺，如果不懂会计知识，就等于一生为钱所困。"

"一生为钱所困……"

我可不想那样，本来现在就缺钱，才不要让这样的窘况一直持续下去。但我完全没想到大学时期学习的会计知识和簿记知识能和"不为钱所困"联系起来，难道是指记家庭账簿？

"您是说应该记家庭账簿来管理金钱吗？"

"嗯，坚持记家庭账簿的确令人佩服，不过如果只是这种程度的事情，就不必特意用会计力这个词了。"

原来如此，我想小林女士应该也不是指记家庭账簿的事吧。

"总而言之，你工作和生活都不顺利的原因就在于欠缺会计力。"

"请您稍等，虽然我看起来是这个样子，但也是商学系毕业的，有簿记3级证书。"

"跟这些都没有关系，如果你真的具备会计力，就不会是现在这样的状态。"

我一时语塞，这个人到底有多了解我的现状？

"就算过了簿记1级，很多人也同样欠缺会计力，这样说并不过分。"

"过了簿记1级也欠缺会计力？这是怎么一回事呢？"

"说到底簿记也只是会计的一部分，即便精通簿记，人生也可能毫无起色，这样的人不在少数。"

听到这里，我脑海中浮现出和我同期进入公司会计部的田中的脸。虽然他拥有簿记2级证书，但我并不认为他的人生和工作就很顺利，只是我完全没有因此意识到会计力与人生有什么关系。

"不好意思，我不是很明白会计力为什么会对人生有帮助？"

"不明白吧?"

"可以的话,能请您教我一些会计力相关的知识吗?"

这是梦境还是现实已经无所谓了,或许这是让我人生好起来的转折点。抱着这样的想法,我想求教于卢卡·帕乔利。

"这样啊,你不是刚才还说我名字奇怪、瞧不上我吗?"

"不好意思,我绝对没有恶意。"

我老老实实地鞠躬。

"而且,我的学费也很贵。"

"啊? 要交钱吗?"

"没错,学东西有免费的吗?"

到底要交多少学费呢? 几万日元? 几十万日元?

"帕乔利先生,您被称为'现代会计之父',想必收的学费也很贵吧。老实说,我现在并没有那么多钱。"

"嗯?'现代会计之父'? 你刚才是说'现代会计之父'吗?"

听到这句话,卢卡·帕乔利的眼神一下子变了,嘴角松弛下来,好像特别高兴的样子。我继续说道:

"是的，会计的教科书上是这样写的，您是'现代会计之父'。"

"'现代会计之父'？嗯，听起来不错。"

帕乔利的脸上明显带着笑意，他继续说：

"也是难得的缘分，那我就教你吧。"

"真的吗？那真是太感谢了！"

我由衷感到开心，这是在做梦吧，我可以高兴吗？

"顺便说一句，欠缺会计力的不止你一个人，会计和簿记本来就常被混为一谈。一听说做生意的人必须掌握会计知识，大家都很慌张，赶忙跑去学簿记，然后又觉得因为簿记很无趣所以会计也很无趣。"

我边点头边听卢卡·帕乔利讲。

"然而，即使认真学习了簿记知识，能够看懂资产负债表（B/S）❶和损益表（P/L）❷，如果不从事会计或财务工作的话，工作和生活中就很少能用到这些知识。"

---

❶ Balance Sheet，是表示公司财务状况的会计报表之一。

❷ Profit and Loss Statement，是表示公司经营成绩的会计报表之一。

"是啊，所以小林女士说的会计力我也不太明白。"

"这也难怪，会计力这个词本来就没有严格的定义。"

"哦，是这样啊。"

"你刚才查了谷歌吧，可有什么收获?"

为什么文艺复兴时期的人会知道谷歌? 罢了，我已经顾不上这些了，连忙回答:

"没有，虽然网上有很多相关文章，但我现在还没有头绪。"

"这样啊，那你认为会计力是指什么呢?"

我告诉帕乔利先生，我正是因为想知道这个问题才求教于他的。他皱起眉头，不知道是不是对我的回答不太满意。随后他说:

"这种问题首先要自己思考，这是非常重要的，什么事情只想着请教他人的话，自己是没办法彻底弄明白的。"

"不好意思，是我唐突了。嗯……会计力是指用数字思考的能力吗?"

"这倒也没错，用数字和逻辑来思考问题也是会计力的一部分。"

用数字和逻辑思考问题的训练，我在晋升主任后的逻辑思维[1]培训中才刚学过，莫非逻辑思维就是会计力吗？

"用数字和逻辑思考问题，对商务人士而言这是最基本的，但我来不是为了教你这个。如果只是这么简单的内容，被称为'现代会计之父'的我就没有理由特意来这儿了。"

自己说自己是"现代会计之父"，帕乔利先生大概相当喜欢这个头衔吧。

"我来是要告诉你一些更根本的东西，用心听着吧。"

我坐直身子，洗耳恭听。

➡ 金钱有成本

"现在我要教给你的会计力，也就是灵活运用会计知

---

[1] 逻辑思维指将问题分为要素进行整理，导出结论的思考方法，是商务人士的必备技能之一。

识的能力中最基本的东西。"

"好的，您请讲。"

"首先，你要意识到金钱是有成本的。"

"金钱有成本……这是说从银行借的钱有利息吗？"

这点我也知道，这就是会计力最根本的东西吗？

"不仅如此，自有资本❶也有成本。"

自有资本？我想到了资产负债表。

左侧部分是"资产"，右上部分是"负债"，右下部分是"净资产"。资产包括库存现金、存货、固定资产等，负债包括短期借款、长期借款、应付账款等，二者的差额就是净资产。我认为这个净资产就是自有资本，这一点我还是记得的。

"你不会不知道自有资本吧？"

"嗯，是指股东出资的钱吧。"

---

❶ 即所有者权益，包括实收资本（或股本）、资本公积金和留存收益。

资产负债表（B/S）的基础
资产负债表

资产部分	负债部分
	净资产部分

"你说得对，股东出资的钱会成为资本金❶和资本剩余金❷和利润剩余金❸。企业从历年实现的利润中提取或留存于企业的内部积累就是利润剩余金。还有一些其他的零

---

❶ 即实收资本（或股本），指公司制企业的投资人按照公司章程规定，或者合同、协议的约定，实际缴付所认缴的注册资本。

❷ 即资本公积金，是指企业资本投入和非因生产经营活动而形成的公共资本积累，包括资本溢价和其他资本公积。

❸ 即留存收益，是指企业从建立至今的盈余总额扣除向所有者（股东）支付过的利润（股利）总额后的差额。

碎部分，但你可以理解为自有资本就是资本金、资本剩余金和利润剩余金的总和。这个自有资本也有成本。"

原来如此。但是，负债有成本是因为借款需要偿还利息，这一点我能理解，股东出资的自有资本为什么会有成本呢？是指分红❶吗？

"请问您是指分红吗？"

"分红也是一部分，但不止分红。"

分红以外的成本，我记得在大学学过一些，是什么呢？

"啊，想起来了，是'资本成本❷'吧。"

我脱口而出想到的关键词，一定是这个！

"真的想起来了吗？那就跟我讲一下资本成本吧。"

"这个……"

卢卡·帕乔利冷冷地看着我。

我忐忑地说：

"因为我进入社会之后就没有使用过资本成本这个

---

❶ 企业将赚取的利润的一部分支付给股东。分红多少由股东大会决定。
❷ 企业筹集资金所产生的成本。

词，所以忘记了。"

"所以说你对这个词的理解只停留在表面，并没有理解其本质。如果你能理解其本质，即便不使用资本成本这个专业术语，也能将它运用在工作和生活中。"

"对不起，我的认知太肤浅了。"

是我没有从本质上理解资本成本，仅仅是因为考试要考所以才记住的。

"用不着道歉。另外，如果你真的理解了资本成本的本质，就不会陷入如今的窘况了。"

"理解资本成本能改变我的现状吗?"

"没错，这就是灵活运用知识带来的益处。"

"我想学习如何灵活运用知识，拜托您教我。"

"那就好好用心学吧。我们先来复习一下会计学的基础知识。首先是资产负债表，左侧部分是资产，右上部分是负债，右下部分是净资产，这个还记得吧?"

卢卡·帕乔利在笔记本上画上资产负债表，并在表上相应的位置写上资产、负债和净资产。

自有资本是什么？

资产负债表

资产 —
负债

净资产
资本金
资本剩余金
利润剩余金

自有资本指资本金、资本剩余金和利润剩余金。

"嗯，我记得这个。"

"那么，右侧的负债和净资产表示资金从哪里筹集来的，左侧的资产表示资金的状态，这一点能懂吗？"

"不好意思，这个我不是很明白。"

"简单来讲，筹集资金的方法大致可分为两种。第一种是接受股东出资，第二种是向银行借款。"

"嗯，这个我知道。"

"股东出资计入净资产部分，向银行等借入的资金计入负债，那么资产负债表的右边部分则表示了资金来源，可以这样说吧。"

卢卡·帕乔利边说边在笔记本上做记录。

"筹集到的资金会计入左侧的资产部分，但是这些资金会变成库存现金、存货、固定资产等，所以说资产负债表右侧表示资金来源，左侧表示资金状态。"

"原来如此，我明白了。"

　　"这样一来负债的成本就很好理解了吧，如果是借款的话，它的成本就是指利息。负债有规定的利息和还款日期，与之相对，自有资本只在有利润的时候分红即可，也没有偿还义务。因此，大家很难意识到自有资本的成本。"

　　说完，卢卡·帕乔利在本子上画出了负债和自有资本的比较表。

负债与自有资本有何不同？（1）

负债	自有资本
有利息	无利息
有偿还义务	无偿还义务

由于自有资本没有偿还义务，所以与债权人相比，股东的资金回不来的风险更高。

　　卢卡·帕乔利接着说：

"年轻的风险企业经营者中，有人将获得的投资等同于收到的钱，这是很大的误解。接受投资人的出资，实际上等于让渡公司所有权的一部分。根据情况的不同，也有可能导致社长卸任或者公司被变卖，必须在了解上述风险的前提下接受出资。"

这个我在大学也学过，成为大股东之后，甚至可以在股东大会❶上罢免社长（董事长）。

➡ 股东投资是因为可以获得更多回报

"你知道公司破产的时候，负债和自有资本应该优先偿还哪一个吗？"

"嗯，那应该是有偿还义务的负债吧。"

---

❶ 股东大会是股份制公司的最高决策机构。公司的基本方针和注意事项由股东以多数票决定。根据决议事项的不同，所需的得票数也不同。

"没错，也就是说，和债权人相比，股东的钱回不来的风险更高。"

卢卡·帕乔利在负债和自有资本的比较表中继续添加内容。

"也就是说，股东至少要比债权人获得更多回报，否则他们不会有投资意愿。"

确实是这样，如果出现意外状况，无法收回资金的可能性很大，要是没有相应的回报就不划算了。

"尽管如此，因为自有资本既无返还义务，且只需要在有利润的时候分红就可以了，所以很多人认为自有资本的成本较低，这也是天大的误解。"

"恕我直言，我也是这样认为的，那么请问自有资本的成本具体是多少呢？"

"一般来说，自有资本的成本是以CAPM模型❶计算的，想必这个你应该知道，但是你还要知道自有资本的成

---

❶ Capital Asset Pricing Model，资本资产定价模型。表现单只股票的β系数与投资该股票的投资者对该股票的预期收益率之间关系的框架。

本比负债的成本更高。我们把负债和自有资本的成本加权平均之后得出的结果叫作WACC[1]，这是资本成本的计算方法，这一点也请务必记住。"

负债和自有资本有何不同？（2）

负债	自有资本
有利息	无利息
有偿还义务	无偿还义务
优先偿还	有多余的财产则予以偿还

如果不能比债权人获得更多的回报，股东则无投资意愿。

[1] Weighted Average Cost of Capital，加权平均资本成本。加权平均资本成本一般用于计算资本成本。

➡ 有责任赚到超过资本成本的钱

"这里最重要的是要意识到筹集的钱有资本成本，此外还要意识到公司有责任赚到超过资本成本的钱。如果不履行这项责任，不仅不能偿还借款，还会辜负股东的期待，导致公司的股价下跌，甚至会威胁到公司的生存。明白这一点是学习会计力的大前提。"

"好的，我明白了。"

"不，你并不懂其本质。你拿到的工资也是有成本的，这一点你知道吗？"

"啊，这个……"

我一时不知道该怎么回答，我完全没有想过工资也有成本。

"不仅是工资，公司为你缴纳的社保，为你提供的培训费，你工作用的电脑、办公桌，办公室的租金、水电费，支持销售工作的总务和人事部门等后勤部门的开销，这些费用都是有成本的，你知道吗？"

"额……我完全没有意识到这点。"

"这么说吧，如果你在公司使用的电脑价格是20万日元，假设资本成本率为10%，那么20万日元加上筹集这20万日元的资本成本2万日元，那么你就需要用这台电脑创造22万日元以上的价值。"

这么说来，我平时随意使用的电脑和办公桌，也是用公司筹集的资金买的，因此有必要赚到超过这个资本成本的钱。细细想来这是很合理的事，但我此前从未有过这样的认知。

"也就是说，大部分人只能看到事物的一个方面。"

"只看到一个方面？"

"你也了解会计知识，应该知道电脑、办公桌等是作为公司的备品❶计入资产的，这是拥有簿记三级证书的人都知道的知识。但是大部分人只是把这些备品当作资产来看待。"

---

❶ 电脑和办公桌等，作为备品计入资产部分。但是根据公司的规模和金额，有时也会作为消耗品费用计入损益表。

"除了作为资产，备品还有其他方面的价值吗？"

"是啊，有备品意味着公司用了某种方法筹集购买备品的钱，那么该备品就有必要为公司赚到超过购买备品的钱加上其资本成本的钱。"

"我从来没有想过这个。"

"也就是说，计入资产部分的资产，无论哪一项，至

假设资本成本率为 10%，借款 20 万元，则需要创造多少价值？

资产负债表

电脑	借款
20万（日元）	20万（日元）
需要创造超过22万（日元）的价值	2万（日元）的资本成本

假设资本成本率为 10%，借款的资本成本是 2 万日元，则需要创造超过 22 万日元的价值。

少都要产生比其本身价值更大的收益。"

计入资产部分的备品还有这层意思？ 看来我真的只看到了事物的一个方面。

➡ 会计不是无趣的东西，而是美丽的东西

"会计就是这样，不是只有一个方面，而是要从多角度、全方面地看，这也是它的特征。每次都要从原因和结果两个方面来看一笔交易，并将这两方面都记录下来。所以才叫复式簿记。"

"原来如此！ 我现在才知道。"

"这种全方位看问题的'复眼思维'，是会计的精髓，也是会计的美丽之处。"

说到这里，卢卡·帕乔利好像很开心的样子。

"会计的美丽……我好像还没有体会到这一点。"

"我想，没有比会计更美的体系了吧。但是，大多数

人认为会计是很无趣且肤浅的东西，这真是非常可惜。我来这里也是想告诉你会计的美丽和深奥。"

什么是复式簿记？

（交易）买100万日元的备品

⬇

（原因）买100万日元的备品
（结果）现金减少100万日元

⬇

备品100万（日元）/现金100万（日元）

现金-100万（日元）
备品+100万（日元）

从原因和结果两方面来记录每笔交易，就叫作"复式簿记"。

原来如此。卢卡·帕乔利拥有这样强烈的使命感，不愧是"现代会计之父"。

"你小子是不是对我刮目相看，想说我不愧是'现代会计之父'？"

我心里想，'现代会计之父'什么的，不用自己说出来吧？不过这也正是卢卡·帕乔利的可爱之处。

"正如我刚才讲的，正因为金钱有成本，所以才需要赚到超过资本成本的钱，有这样的责任意识非常重要。"

"有责任赚到超过资本成本的钱，这就是会计力吗？"

"这是最基本的，如果不明白这一点的话，即使精通簿记，掌握了会计科目，学会分项入账，也无法将这些知识运用于工作和生活中。"

虽然我在大学学过会计学，但这却是第一次听说"有责任赚到超过资本成本的钱"这种思维方式。

"你今天是不是在感叹'工资不合适'？你一定觉得做销售工作应该拿更高的工资吧？"

"是的，不过我现在知道了金钱是有成本的，所以看法改变了。"

"就是这个道理。正如我刚才说的，公司在你身上的支出不仅是工资，还有社保费、备品费、办公室租金、培训费等，后勤部门的费用等也包含在内。上述所有费用都是由公司筹集的资金支付的，这些钱都是有成本的，因此你有责任赚到多于这些资本成本的钱。"

"我之前没有想到这一层，所以才会被小林女士说欠缺会计力吧。"

"是的，在意识到这种责任的基础上想象资金的流动并想办法赚钱，这一点非常重要，这样的思维方式就是会计力。"

卢卡·帕乔利说得没错，以这样的视角看问题，对工作的态度也会改变。我迫不及待地把体会告诉卢卡·帕乔利：

"我认为掌握了这种思维方式，工作也会更顺利。"

"是的，如果掌握了这种思维方式，你在看财务报表的时候不会将其看作是死板的数字罗列，而是一个个生动的数字。如此一来，你对工作的态度和相应的工作结果也会改变。不局限于工作，你在生活中对金钱的使用方法和赚钱的方法同样也会改变。所以说,有了会计力,你的工作和人生都会改变。"

人生也会改变? 工作会有变化这一点我能理解,但是会计力甚至会影响人生吗? 我向卢卡·帕乔利表达了这个疑问:

"会计力不仅能影响工作,还能影响人生吗?"

"没错。你现在正在为钱发愁吧? 之所以这样正是因为你欠缺会计力。虽然你掌握了会计知识,但是没有将它运用在生活中。"

"不瞒您说,我现在确实比较缺钱。如果具备了会计力,这个问题也能解决吗?"

"这个嘛,我会慢慢跟你说明的。"

"那就拜托您了!"

"总的来说,会计力可概括为以下五点:

①意识到"金钱有成本";

②意识到自己有责任赚到超过资本成本的钱;

③灵活运用杠杆;

④想象资金的流动;

⑤理解以增加金钱为目的的损益结构。

"其中，①和②我已经教给你了，③～⑤之后我会再教你的。"

我生怕忘记，赶忙把卢卡·帕乔利说的话记在笔记本上。

这时卢卡·帕乔利说道：

"今天就到这儿吧，你也要睡了。"

我一看表，已经半夜三点了。卢卡·帕乔利继续说：

"那我也准备睡了。"

说罢，他就躺在我床上准备睡了，我一时不知道该作何反应。

"那里是……"

"你不会打算让客人睡沙发吧，我就在这儿睡了。"

话音刚落，卢卡·帕乔利已经开始打呼噜了。这究竟是梦境还是现实？学到了这么宝贵的知识，哪怕是做梦也没关系。不过如果是做梦的话，接下来就无法继续学习了吧。

罢了，我也不要再胡思乱想了，于是盖上毯子躺在沙发上睡着了。

📝 ▌ 第1章　要点

　　最近，常常用金融力、传媒力等"××力"这一用语来表示"灵活运用某一门知识的能力"。

　　本书将会计力定义为"在工作和生活中运用会计知识的能力"，其中最重要的是意识到金钱有成本。你的工资和社保费、平常随意使用的电脑、办公桌的费用和办公室的租金、公司为你提供的培训费等教育费、你正式入职前参加的宣讲会和面试录用等流程的费用等，公司在你身上的支出是很多的。也就是说，如果你创造的价值不能超过工作中使用的资产本身的价值加上其资本成本的价值，那么你无法为公司带来利润。

　　不站在经营者的立场上便很难体会到这一点。即便是经营者，如果是只需要负责到任期届满就可以的上班族式的经营者，对此也不会有深切体会，更何况是每个月拿固定薪水的工薪阶层。可以说，几乎没有人有这样的意识。

但是，只要具备了这种意识和会计力，工作质量就会发生明显的变化，人生也会随之改变。

请务必学着培养自己的会计力及其思维方式。

另外，本书从传达这种思维方式的本质的角度出发，省略了详细的说明。例如，严格来说，股东资本、自有资本和净资产是不一样的。关于会计的基础知识请参考会计类图书。

▶ 第1章 总结

◎ 什么是会计力

①意识到"金钱有成本"

②意识到自己有责任赚到超过资本成本的钱

③灵活运用杠杆

④想象资金的流动

⑤理解以增加金钱为目的的损益结构

具备会计力不仅能改变工作，也能改变人生。

第 **2** 章

利用复利赚钱

➡ 意识到"金钱有成本"

糟糕，要迟到了！

我慌慌张张地起床，卢卡·帕乔利已经不见了，果然是在做梦，不过这个梦感觉很真实。

我正这样想着，眼光不经意地扫到桌上的笔记本，发现上面写着：

什么是会计力？

①意识到"金钱有成本"；

②意识到自己有责任赚到超过资本成本的钱；

③灵活运用杠杆；

④想象资金的流动；

⑤理解以增加金钱为目的的损益结构。

这究竟是怎么回事？是我梦游写的吗？难道这不是梦而是真的？

我无暇多想，再不抓紧时间上班就要迟到了。我把笔记本放进包里，急急忙忙赶去上班。幸好换乘很顺利，我总算没有迟到。坐下来后，我像往常一样打开电脑。

"金钱有成本吗？"不知为何这句话总是浮现在我的脑海中。我环顾四周，突然意识到现在使用的电脑、办公桌、椅子、笔记本、办公室等，都是公司用钱买来或者租来的，而这些钱都是有成本的，这么显而易见的道理我之前居然一直不明白。

我开始带着全新的心态审视周围，冷不丁和小林女士四目相对，我慌忙移开目光，但这在小林女士看来显然形迹可疑。该怎么办才好呢？最终我下定决心面对小林女士，并跟她说：

"小林女士，早上好，昨天非常感谢。"

"你昨天好像喝到很晚啊。"

好像是的，我刚才一直想着卢卡·帕乔利的事，把喝酒这件事忘得一干二净了，我昨天貌似在卡拉OK待到很晚。

"昨天跟您谈到的关于会计力的事，我现在稍有体会了。"

昨天的事是梦境还是现实我已经搞不清楚了，总之我现在想把自己学到的东西分享出来。

"我之前没有'金钱有成本'这个概念，所以昨天才会抱怨工资不合适。现在我知道了，除了工资，公司在我身上还有很多花费，这些钱都是有成本的。这样一想，我现在的销售业绩是不达标的。"

"很棒！你找到重点了啊。"

得到了出乎意料的称赞，我有点激动，没记错的话，这是我第一次受到小林女士的表扬。

"是的，我今天来上班有了新的认识，现在我明白了工资、办公场地、电脑、办公桌等都要公司花钱。"

"正是这样，有没有这样的认识，工作起来是完全不同的。"

"是的！我也这么认为。"

"啊，已经这个时间了，部长叫我了。那你今天也要加油哦！"

"好的！谢谢您！"

我心情大好，开始为今天的销售工作做准备。我原本按照以往的节奏做着准备，但一想到公司为我的这些时间付了钱，而这些钱也是有成本的，我便开始有意识地重新安排时间，使工作更有效率。即使是和客户交谈，我也觉得时间比以前更充实了。我能感觉到自己对工作的态度明显改变了。

➡ 信用卡分期付款是"恶魔的商业法则"

结束工作回到家，我心情愉悦地打开自家信箱，发现一张信用卡账单。看到这张账单，我不由得郁闷起来，毕竟，账单金额完全没有减少。

晋升主任之后工资涨了一些，为表庆祝，我用信用卡分期付款的方式花50万日元给自己买了一块名牌手表。

算起来我已经陆续还了半年钱，但是账单金额几乎没有减少，这钱究竟什么时候才能还完？

回到房间，房间里空荡荡的，一个人也没有，果然我昨天是在做梦。

"哎，我是不是对自己慷慨过头了？"

我把账单扔在桌上，躺在床上看手腕上戴着的表，不由地叹了一口气。

"你呀，用信用卡分期付款买东西，真的是欠缺会计力啊。"

"咦？"

回头一看，卢卡·帕乔利正坐在餐桌前，一脸无奈地喝着茶。他什么时候出现的？所以我昨天不是在做梦？

"啊，帕乔利先生，您是从哪儿进来的呢？"

"这种小事就不要在意了。"

虽然我觉得这并不是小事，但是能再见到卢卡·帕乔利，我感到非常兴奋。卢卡·帕乔利接着说：

"对了，你试着用我昨天教给你的会计力的观点思考一下分期付款的事。"

"好的。嗯……是说金钱有成本，以及有责任赚到超过资本成本的钱吧，但是那不是在说关于公司的事吗?"

"正如我昨天所讲的，不仅是工作，会计力对人生也有帮助，试着想一下你自己的资产负债表和损益表吧。"

自己的资产负债表和损益表……我之前从来没有想过这个。我想了一下，对卢卡·帕乔利说:

"金钱有成本，分期付款的利息就是筹集这笔钱的成本，是这个意思吧。"

"正是这样。那么，分期付款的年利率是多少呢?"

我确认了一下账单，上面写着15%，原来这么高啊。我告诉卢卡·帕乔利:

"15%。"

"15%，那不就和高利贷差不多，分期付款真是'恶魔的商业法则'啊。"

"'恶魔的商业法则'……但是分期付款会有双倍积

分，攒下来的积分可以领商品券。"

"你傻呀，不要受积分的诱惑，这个年利率太高了，拿再多积分也不划算。"

想想的确如此，年利率这么高的话，用积分换到的商品券也只能起到心理安慰的作用。

"是啊，感觉钱怎么都还不完，真是不容易。"

"如果是以15%的高利率筹集到的钱，就必须赚到超过本金加上利息的钱，这是会计力的基本。"

我低下了头，以15%的高利率筹集资金，如果不能赚到超过本金加上利息的钱，钱就会越来越少。也许是看出了我的沮丧，卢卡·帕乔利继续讲：

"个人和公司不同，没必要时时刻刻想着赚钱，所以为了自己的兴趣爱好而花钱并不是你的问题。"

"是啊，我一眼就看上了这块手表。其实应该买更便宜的，但是经不住店员的劝说，想到信用卡分期付款的话可以用工资慢慢还上，于是就咬牙买了。"

"怎么花钱是个人的自由，话是这样说没错，但如果

你好好理解了会计力并将其运用在生活中，还会分期付款

买那块手表吗？"

　　听卢卡·帕乔利这么说，我陷入了沉默。在这之前，

如何用资产负债表来思考
购买手表的问题？

资产负债表

手表
50万（日元）

需要创造超过"手表
的价格+利息（年利
率15%）"的价值

借入
50万（日元）

年利率15%
的成本

需要创造超过"手表的价格＋
利息（年利率15%）"的价值。

我既没有明确认识到分期付款是负债，也不知道资金的筹集成本是很高的，更不理解以这么高的成本筹集到的资金需要创造出更高的价值。

"你是买了那块手表之后和女朋友分手的吧。"

"您为什么会知道呢？"

"因为我看透了一切啊。那个女孩子看到你分期付款买名牌手表，对未来缺乏安全感，所以才跟你分手。她没有告诉过你这个原因吧。"

原来如此。说起来，确实是在我买了手表之后，前女友对我的态度逐渐冷淡，虽然她当时没有喜欢上其他人，但是她却提出了分手。现在想来，原因竟和我欠缺会计力有关。

➡ 试着建立"个人资产负债表"和"个人损益表"

"你也不知道自己现在有多少负债吧。"

"这个我确实不太清楚。"

"你可以试着建立自己的'个人资产负债表'和'个人损益表',弄清楚自己现在有多少资产,有无负债,结果可能会让你大吃一惊。"

正如卢卡·帕乔利所言,我完全不清楚自己的资产和负债。被评价为欠缺会计力,我也无可辩驳。

"那么,现在就试着就你已知的部分建立自己的'个人资产负债表'和'个人损益表'吧。"

"现在吗?"

"是的,说以后再做的话,以后也不会做吧,成功者就是会立刻行动的人。一般来说,只有10%的人会把学到的东西付诸实践。这些付诸实践的人中,又只有10%的人会坚持下去。也就是说,只有1%的人会将学到的东西持续付诸实践。"

卢卡·帕乔利说得没错。好吧,虽然很麻烦,但我还是试着挑战一下吧。

"首先是资产负债表中的资产部分,你现在有多少存款?"

"现在的存款吗? 呃⋯⋯"

"那你现在钱包里有多少钱?"

"请您稍等一下。"

我数了一下钱包里的钱。

"3731日元。"

"你已经是社会人了,虽说现在进入了无现金时代,但身上至少得有1万日元吧。"

"好的,我明白了。"

"存款有多少呢?"

我用手机查了一下存款余额。

"12万3696日元。"

"那就把总额计入资产负债表的现金存款部分吧。"

我把钱包里的钱加上存款余额共计12万7427日元记到笔记本上,这是我第一次知道自己存款的具体数额。

➡ 有多少个人存款比较好?

"我想请教一个很基本的问题，一个人有多少存款比较好呢?"

"存款啊，现在的银行存款利率太低是个问题，但个人存款怎么也得相当于两三个月的收入吧。"

"两三个月，那我现在的存款完全不够啊。"

"所以，你现在首先要做的就是把每月收入的至少10%存起来。可以设定在每个月的发薪日将至少10%的月收入自动转账到其他账户，无论发生什么事都不要动用这笔钱，这一点非常重要。"

"无论发生什么事都不要动用这笔钱了?"

"是的。有多余的钱再存，想买东西就动用存款，抱着这样的想法，永远也攒不下钱。必须强制扣掉这笔钱，并把它当作神圣不可侵犯的财产。"

本来日子就过得紧巴巴的，如果我再将收入的10%存起来，还不能动用，这样不就更没钱花了吗? 我把这个顾虑告诉了卢卡·帕乔利：

"您说的有道理，但是将月收入的10%存起来，我怎么想都觉得这样会导致钱不够用。"

"这个嘛，你可能不相信，但是先存10%，并且不花这笔钱的话，就会减少浪费。合理支配金钱，到最后并不会出现钱不够用的情况，你不相信的话不妨一试。"

真是这样吗？我一时很难相信这些话，但这话从卢卡·帕乔利口中说出来，竟然莫名地有说服力。

"如果有奖金或者临时收入，可以拿出一部分来做自己喜欢的事情，但要适度，差不多存一半比较好。"

"好的，我会努力的。"

是因为我从没想过要把奖金的一半存起来，所以我才会为钱所困吗？

卢卡·帕乔利继续说：

"存款最好超过你三个月的收入，这部分存款是为了让你安心，不至于太为钱发愁。说到底，金钱焦虑也只是观念上的问题，但被金钱的增减所左右是人的本性。如果有三个月的收入作为存款，这种焦虑便能在一定程度上得到缓解。"

"那存够这笔钱之后剩下的钱要怎么办呢？"

"去做收益率更高的投资，灵活使用金钱，使其增值。你知道现在存100万日元在银行的利息有多少吗？"

"嗯，据我所知确实很少。"

前段时间我在新闻上看到过，年利率大概是0.01%，100万日元的0.01%，那不就只有100日元？我继续说：

"大概是100日元吧。"

"是的，存款100万日元，扣税之后利息还不到100日元，使用一次自动柜员机就没有了（扣除手续费）。"

"这真是让人郁闷啊！"

"金钱是要灵活使用的，灵活使用金钱才能使其增值。"

"灵活使用金钱？"

"没错，钱这种东西，只要好好利用起来，就能发挥很大的作用。灵活使用金钱不仅指投资能赚钱的股票，还包括花钱学习和体验更多事物，创造一些有价值的东西，帮助他人，为这个世界带来更多美好。把超过必要数额的钱存起来不用，就等于没有灵活使用金钱，让这部分钱产生不了任何价值。"

卢卡·帕乔利热情地讲着，我却听得不是很明白。我一直以为存款越多越好，难道不是这样吗？我忍不住向卢卡·帕乔利提出了心中的疑问：

"但是有存款的话将来会比较安心吧，我个人认为为了年老以后的生活也应该尽可能多存钱。"

"从会计力的观点来看，存款就是不流动的钱。现在物价日益上涨，存起来不动的钱其实是在贬值。与其这样，不如思考如何灵活使用金钱使其增值，这个话题我之后会再展开讲。"

➡ 掌握自己的资产和负债

"下面来讲一下负债。你现在分期付款的待还金额还有多少？这个信用卡账单上应该写了。"

"好的，我马上看一下。呃……47万7256日元。这半年来，我明明每个月都在还钱，为什么待还金额完全没有减少呢？"

我不由得叹了口气。

"是这样的。你那块手表大概要50万日元吧。按照15%的年利率来算，50万日元一年就需要支付7万5000日元的利息，1个月就是6250日元，你每个月还多少钱呢？"

"1万日元，那就是说一半以上是利息。所以我每个月还1万日元，但实际上待还本金只减少了3000日元多一点。"

"是的，得到信用卡双倍积分并不值得我们高兴。总之，你在负债部分写上47万7256日元。"

我按照卢卡·帕乔利说的将负债记在了笔记本上。

"对了，你查一下那块表现在的市价吧。"

"还可以知道现在的市价吗？"

"虽然不知道确切的价格，但如果有在Mercari❶和

---

❶ 是一家成立于2013年的电商平台，是日本最大的二手交易平台。——译者注

Yahoo! Japan Auctions[1]上交易，成交价大概就是它目前的市价。"

我拿起手机打开应用程序，输入手表的品牌和型号。

"啊，出来了。几乎全新，以21万日元成交，不到一半的价格啊。"

松井的"个人资产负债表"

资产	负债
现金存款 127 427（日元）	借款 477 256（日元）
手表 210 000（日元）	净资产 –139 829（日元）

处于负债总额超过资产总额的"资不抵债"状态。

---

❶ 日本雅虎拍卖。——译者注

"是这样没错。名牌商品（非常稀有的商品除外）在买下来的一瞬间价值就会减半，在资产部分写上21万日元吧。"

卢卡·帕乔利继续说道：

"我不知道你是否还有其他资产和负债，但就目前的情况来看，你的净资产为负13万9829日元，也就是说你处于资不抵债❶状态。"

"资不抵债……"

如果公司处于这个状态，倒闭也不足为奇。这么一想，我的危机感瞬间加剧。

"接下来谈谈盈亏，现在你的工资是多少？"

"这个不固定，会根据加班时间上下浮动。但是因为现在加班时间也有限制，所以每月到手的工资大概25万日元。"

"你要确切掌握当月的工资数额，这个看存折就知道了吧。还有就是支出，包括房租、水电费、通信费、交通

---

❶ 负债总额超过资产总额的状态。即使变卖所有资产，也无法偿还债务，但并不意味着处于资不抵债状态就会破产。

费、餐饮费、服装费、保险费以及分期付款的利息，对这些费用都要做到心中有数。"

听卢卡·帕乔利这么一说，我从信用卡账单、网上银行存折和保留的收据中提取出数字，对于那些没有留收据的支出，我也尽量回忆数额并做好记录。

"啊，算了一下，是赤字。我每个月花这么多钱啊!"

松井的"个人损益表"

房租 130 000（日元）	工资 246 337（日元）
水电费 13 640（日元）	
通信费 25 309（日元）	
交通费 14 820（日元）	
餐饮费 57 839（日元）	
服装费 12 800（日元）	盈亏 –27 659（日元）
保险费 13 500（日元）	
利息 6 088（日元）	

用奖金来弥补每个月赤字的"负债经营"状态。

"感觉你每个月的赤字都要用奖金来弥补，这就是'负债经营'啊。"

"是啊。"

所以我的钱才总是不太够用。自己的状况被赤裸裸地暴露出来了，我为此感到很难为情。

我忍不住告诉卢卡·帕乔利：

"自己居然陷入了这样的境地，我有点受打击。"

"你不必太过沮丧，只要能够清楚地了解自己现在的状况，之后好好思考改善的对策就可以了。"

"好的，我想努力改善现状！"

虽然现状令人沮丧，但这一刻我突然很想了解现状并努力改善现状。从这个意义上讲，正视现状也许是好事。

➡ 能否以2%的低息贷款买高级车？

"你明明每个月的钱都不够花，却还去经销商那里看了进口车吧。"

"是的，真是什么都瞒不过您。"

"所以你打算买新车吗？"

"虽然还不打算买，但是贷款的年利率才2%。年利率是2%的话应该没问题吧？"

信用卡分期付款不行是因为15%的年利率太高了，那2%的年利率应该可以了吧？

"你还是不懂啊，那辆车能赚到超过车的价格加上利息的钱吗？"

"车不能赚钱。"

"是吧。而且还有停车费、加油费、保险费和年检费等各项费用。这样想的话，如果不是真的特别喜欢车，把有车当成人生乐趣，就没必要为了撑场面而开高级车。"

听了卢卡·帕乔利这一席话，我才意识到自己并不是发自内心地喜欢那辆车，而只是想被他人认为我很厉害，被他人认为我的人生很顺利，我仅仅是出于这样的虚荣心想买进口车。

"不过，现在是共享经济❶时代。也有把买来的进口车通过共享来创造收益的方法，所以不能一概而论。这种方式也算是赶上了时代的潮流。"

时代的潮流？卢卡·帕乔利究竟是哪个年代的人啊。

➡ 能否为了节省房租而贷款买房?

"请问您对贷款买房有什么看法呢？自住房也不能创造收益吧。"

"是的。从会计力的角度来看，贷款买房并非明智之举。"

"请您看一下这个住宅的宣传单吧。"

我把从自家信箱里取出的住宅宣传单摊开，放在卢

---

❶ 将物品、服务、场所等与他人共享、交换利用的社会机制。利用个人或公司共享汽车的汽车共享机制，没有汽车的人不用负担停车费和贷款等费用就可以使用汽车，拥有汽车的个人在汽车未使用期间可通过出租汽车来获取收益。

卡·帕乔利面前，对他说：

"按照宣传单上的说法，房子的月供比我现在的房租便宜，买房的话就可以省下房租，我觉得贷款买房也是可以的吧。"

虽然自住房不能直接创造收益，但是因为能省下房租，所以算是间接创造了收益，这样想的话贷款买房也未尝不可。

"你仔细看一下，利率下面用小字写着什么？"

"写着'浮动利率'。"

卢卡·帕乔利手指着的地方，用小字写着"浮动利率[1]"，乍一看并不会注意到。

"现在利率低还好，但之后利率上升的话，负担就会一下子加重。"

---

[1] 借贷期内可根据市场利率调整还款利率和还款额。如果将来市场利率上升，还款人则会面临还款负担加重的风险。一般来说，还款额每五年评估一次。因此市场利率上升后，还款额不会立即增加，但是会影响偿还本金的速度。

"原来如此，这样很危险啊，那是不是'固定利率❶'就没问题了呢？"

"这要看条件了。只要不是特别好的地段，资产价值马上就会缩水一半。试着用'个人资产负债表'来想一下，贷款买房之后你立刻就会承担损失，陷入'资不抵债'的状态，换作是我无论如何也不会买的。"

"但是考虑到年老以后的生活，比起租房，还是有自己的房子比较好吧。"

"如果你能在退休前还完房贷，能一直在现在的公司工作下去，再加上不用担心被裁员和薪水减少的风险，那可以贷款买房。但如果你想自主创业或者想去创业公司做出一番成绩，这种时候房贷就会成为束缚你的枷锁，限制你的自由。几十年后你才能还清贷款，在这之前房子也不是免费住的，要缴纳固定资产税。加上建筑物老化，也需要几百万日元的修缮费。"

---

❶ 还款利率是固定的，与市场利率无关。

我要一直待在现在的公司吗？这简直无法想象，况且本来就不可能保证自己能够一直维持现在的收入水平。

"与其这样，不如想办法获得工资以外的收入，保证自己年老以后也不会失去收入来源，这种做法更实际。如果能做到这一点，就没必要一直待在现在的公司，这样就能够始终保持个人的自由。"

如何用资产负债表来看贷款买房？

购买时的资产负债表		刚买完的资产负债表	
住房 3000万（日元）	负债 3000万（日元）	住房 1500万（日元）	负债 3000万（日元）
			自有资本 −1500万（日元）

贷款买房后会立刻承担损失，陷入"资不抵债"的状况。

"想办法获得工资以外的收入？如果可以的话我很乐意去尝试。"

"这一点我之后会再解释，总而言之，买房的最大风险就是自由被剥夺。你负担着沉重的房贷，承担不起薪水减少的后果。不仅如此，由于居住场所固定下来，你的移动范围也会受到限制。你才20多岁，单身、结婚后的二人生活、孩子出生、孩子长大后独立生活，每个阶段需要的家庭空间和家居用品都不同。加之可能会出现的邻里矛盾和环境变化等因素，导致你想居住的地方也会发生变化，而买房后一切都将变得很难改变。"

自由被剥夺的风险？好可怕，我想规避这一风险。

"但是如果想去别的地方住，把自己的房子租出去或者卖掉不就好了吗？"

"如果是地段特别好、马上就能找到租客或买家的房子还好说。在今后三分之一的住宅都将空置的时代❶，租

---

❶ 根据野村综合研究所的推算，预测到2033年平均3间住宅就有1间会空置。

客或买家就不是那么容易找到的了，那样的话你将一辈子无法离开自己的房子。"

"原来如此，可是为什么大家都想买房呢？"

"因为他们将买房视为人生目标。如果你真的想要自己的房子，我是不会阻止你的，但是没必要被'买了房才意味着独立'这种奇怪的观念绑架。"

"这也是会计力吗？"

"从会计的角度来看，房子刚买下来，资产价值就会下降，负债就会增加。如果拥有自己的房子对本人来说能够获得极大的幸福感也就罢了，若非如此，贷款买房并非良策。"

确实是这样，有了会计力，一个人或许就不会被所谓的世俗规则所绑架了。

➡ 认为"**股票投资 = 赌博**"

"正如我刚才所言，要学会灵活使用金钱。如果灵活使用金钱，就能创造更大的价值，赚取更多的钱。问题是很多人并不知道如何灵活使用金钱，对生活中的道理不加取舍地全盘接受，过分在意他人的评价，把钱浪费在那些不能真正让自己获得幸福的事物和无法赚取更多金钱的事物上。"

"灵活使用金钱就能够赚更多钱吗？"

"没错，你要让钱去工作。"

让钱去工作？我第一次听到这种说法。

"请问怎样才能让钱工作呢？"

"方法多种多样，股票投资也是其中之一。"

"股票啊，我总觉得股票好像赌博一样，风险太大。"

"你这是把投资和投机搞错了。"

投资和投机？有什么区别吗？

"投资是将资金长期投向有前景的投资对象。与之相对，投机是利用短期的价格变动谋取利益的行为，更接近赌博。拿股票来说，如果是长期持有的话，则不必在意每天的股价波动。以短期的股价波动来论输赢，谈不上真正意义上的股票投资。"

"原来是这样啊。我还在想，如果我投资股票，可能会时刻关注股价，随着它的上下波动心情起伏不定。"

"股票投资并不是赌博。在看好的公司的股价低于其本来价值的时候买入，耐心等待公司成长，无须频繁操作也能赚钱。沃伦·巴菲特❶先生就坚持进行超长期投资，一旦买入某只股票，可以持续持有几十年。你知道巴菲特先生吗？"

"知道，我听过他的大名。"

"教他投资的也是我。因为他诚恳认真，所以才会越来越成功。难得的是他如今依然过着低调简朴的生活，可以说是很有智慧的人了。"

是吗？卢卡·帕乔利究竟是何方神圣？不过，如果我也能践行帕乔里教给我的东西，说不定也能成为一流的投资人。

---

❶ 被称为世界第一的投资家。他是世界最大的投资控股公司伯克希尔·哈撒韦公司的最大股东，同时也是该公司的董事长兼CEO。其净资产估计为10万亿日元，但过着简朴而低调的生活。他是世界上对慈善事业贡献最大的人之一，捐赠了大部分资产。

"也有人通过日内交易❶来赚钱，那才是赌博。或者借钱进行信用交易❷，试图通过短期买卖来赚钱，这是一种投机行为，很可能蒙受巨大损失。投资股票需要对公司、行业和时代都具有敏锐的嗅觉，在自己能够承受的风险范围内投资股票是非常值得学习的，我建议你不妨试一试。"

"自己的选择很重要吧。"

"是的。说实话，金融机构的销售人员会向顾客推荐有利于自家公司的产品❸。投资的责任全在自己，当然，我们的整个人生都需要自己负责。将这份责任交给他人，

❶ 交易者在同一个交易日买入卖出金融工具的交易模式。通常指具有明显投机行为的短线交易。主要包括股票、债券交易、外汇保证金交易、商品期货交易、差额结算交易、股指期货交易等市场流动性高的金融工具交易。

❷ 是指在金融交易中，从证券公司借入购买金融产品的资金进行交易的投资手法。通过借贷进行比手头资金更多的投资，以获取更高收益率为目标的行为。成功的话将获得高额利润，失败的话则会背负债务，蒙受巨大损失。

❸ 2017年4月，时任日本金融厅长官的森信亲指出："从目前为止的畅销产品来看，复杂产品居多，大部分并不适合长期持有。这样一来交易的周转率自然会提高，每次的销售手续费就会进入金融机构的口袋当中。这种在我国普遍存在的基金构成和销售机制对客户资产的形成有什么影响呢？"

就不可能成功，也不可能获得幸福。亲自调查、独立思考非常重要。"

卢卡·帕乔利的话不仅适用于投资，也适用于人生，所以才会说会计力对人生有帮助吧。

"明白了，我也先试着自己选择投资对象，去投资自己看好的公司，不过好像很难的样子。"

"刚开始可以试试定期定额投资❶，在每月的固定日期购入与日经平均指数❷挂钩的基金❸，这就是美元成本平均法❹。即使只是每月定投1万日元，也能培养自己对经济动向的敏感度。"

"明白了，那我就马上行动起来，试着从每月1万日元开始定投。"

"因为你现在还处于赤字状态，所以有必要重新审视

---

❶ 每月以固定的金额在固定日期买入同一种金融产品（如基金）的方法。

❷ 日本股票市场的代表性股价指标之一。也被称为日经225指数。

❸ 将投资者资金集中起来，由专业人员进行管理和投资的金融产品。

❹ 股票和基金等金融产品的投资方法之一，也叫"定额购入法"。购买金融产品时，不一次性购买，而是定期等额持续投资。

哪些支出是不必要的，留出投资资金。将每月收入的10%
存起来，再拿出1万日元来定投就可以了。存款金额到了
月收入两三倍的时候，就可以不再继续存钱，而是在持续
定投的同时将每月用于存款的这笔钱用于其他投资。"

"原来如此，这样的话存款和定投都能得到保障。"

"定投的话，最好选择手续费比较低的平台。比起大
公司，我更建议你选择网上证券公司。这个也不要再拖延
了，现在就在网上开个账户吧。"

我立刻拿出手机搜索，选择了一家手续费便宜又好操
作的网上证券公司并申请开户。从稳健投资开始迈出第一
步吧。

➡ 充分利用复利的力量

"投资基金不要选择每月现金分红型❶，要选择红利再

---

❶ 每月进行决算，并将收益的一部分作为利润发放给客户的基金。

投资型❶。你还年轻，要学会充分利用复利❷的力量。"

"复利的力量？复利是什么呢？"

"复利相关的内容你在大学一定学过，它是一种魔法，世界上的富人们都会利用复利使自己的资产增值，不懂复利就无法进行投资。"

我确实听过复利，但它究竟是什么意思呢？说复利是魔法，有这么神奇吗？

"所谓复利，是将投资所得收益纳入本金中继续加以使用的方法，红利再投资型基金就是利用了复利进行投资。与之相对，单利是指将投资所得收益取出，只使用本金的方法。不少日本人偏好利用单利的每月现金分红型基金，在他们看来，每个月都有分红是很开心的一件事。"

"我也觉得还是每月拿到分红比较开心呢。"

卢卡·帕乔利长叹一口气，说：

---

❶ 不将收益发放给客户而是将其用于追加投资，不收取申购费用的基金。

❷ 将本金产生的利息纳入下一期本金的方式。不仅是本金，利息也会继续产生下一期的利息，因此各期的利息将逐渐增加。

单利与复利有何差别？

单利（每月现金分红型）

将投资所得收益取出，只使用本金。

| 第一年 | 第二年 | 第三年 | 第四年 | 第五年 |

复利（红利再投资型）

将投资所得收益纳入本金继续加以使用。

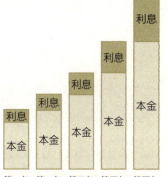

| 第一年 | 第二年 | 第三年 | 第四年 | 第五年 |

长远来看，复利占据压倒性优势。

　　"这种心情我倒是可以理解，但投资的妙处就在于复利。长远来看，复利投资占据压倒性优势。"

"差别有这么大吗？"

"我们来算一下，假设你投资100万日元，年利率为10%。"

卢卡·帕乔利单手拿着计算器，开始在本子上写了起来。

"如果是单利投资，一年后你将有110万日元，第二年依然用100万日元本金投资，利息还是10万日元，两年后你将有120万日元，三年后有130万日元，像这样每年增加10万日元。"

"是的，按收益率来算是这样的。"

"如果是复利投资又如何呢？一年后还是110万日元，第二年将这110万日元全部作为本金用于投资，那么收益就是11万日元，这就意味着两年后你将有121万日元。第三年的本金是121万日元，那么收益则是12.1万日元，这样算下来三年后你将有133.1万日元。"

"确实复利投资更划算，但130万日元和133.1万日元好像差别也没那么大，这谈不上魔法吧。"

"你这样想就错了，复利的厉害之处在于投资期限越长优势就越明显。详细的计算过程我就不多讲了，就像刚才说的，100万日元本金，10年之后按单利来算可变为200万日元，复利约为259万日元。20年后单利投资可得300万日元，复利投资可得约673万日元。30年后单利投资也只有400万日元，复利投资则可达到约1745万日元。"

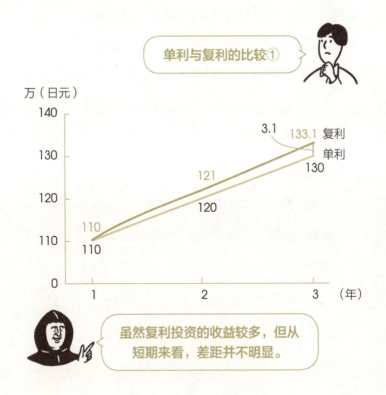

单利与复利的比较①

万（日元）

虽然复利投资的收益较多，但从短期来看，差距并不明显。

"1745万日元？！二者的结果差了4倍多，这太厉害了！"

我被这巨大的差距震惊到了，如果真是这样，那我今后一定要好好利用复利进行投资。

"关于复利，'石油大王'约翰·戴维森·洛克菲勒❶甚至说它是继世界七大奇迹之后的第八大奇迹。"

"莫非约翰·戴维森·洛克菲勒也是您教的吗？"

"关于复利的内容是我教给他的，他也有涉足军工领域。这个家伙做生意的手段有些强硬，而且因为赚太多钱所以树敌也多。虽然他晚年致力于慈善事业，但世人对他的评价褒贬不一。"

卢卡·帕乔利这样说着，看起来有些难过的样子，可能是在难过约翰·戴维森·洛克菲勒将赚到的钱投入到军工领域吧。

"听您讲完之后我明白了复利的厉害之处，虽然现在

---

❶ "石油大王"，标准石油公司的创始人。他垄断了石油市场，创建了美国第一个托拉斯。是19世纪第一个亿万富翁。

我的钱并不多，但我决定一步一步地尝试投资。"

"这就对了。我向你推荐iDeCo（日本个人养老计划），它也是复利投资，在税收方面优惠很大，还可以小额起投。总之，把自己赚的钱存起来不动也好，挥霍也好，都是个人的自由。但你应该意识到，这样做会眼睁睁地失去将这笔钱用于复利投资所能获取的利润。"

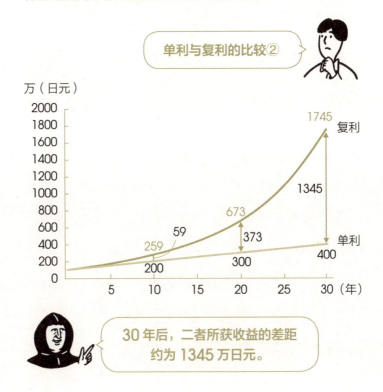

单利与复利的比较②

万（日元）

30年后，二者所获收益的差距约为1345万日元。

"明白，我会尽快开始定投以及加入iDeCo（日本个人养老计划）。"

"开始投资后，一定要每月在'个人资产负债表'中计入资产情况。因为是'个人资产负债表'，所以要素名称只要自己能看懂就可以了。"

➡ 储蓄型保险是收益率高的"好投资"？

"我可以向您请教一个问题吗？前段时间跳槽到外资保险公司的朋友建议我购买储蓄型保险❶，把这个作为投资的话怎么样呢？"

"储蓄型保险啊，这个很难一概而论，但总的来说我不是很推荐。"

"这样吗？因为储蓄型保险的收益率很高，我还以为

---

❶ 每月缴纳保险费的保险。一般情况下，解约时和到期时会分别返还解约返还金和到期保险金。

这是很好的投资。"

前几天朋友劝我说，这比存钱更有利。考虑到更换现有的保险太麻烦了，加之手里没有富余的钱，我就将此事搁置了。

"首先，保险公司的运营成本相当高。保险公司的员工薪水都很高吧。公司广告铺天盖地，在黄金地段拥有很多漂亮的大楼。这些钱从何而来，你想过这个问题吗？"

"说实话我没有想过这个，不过被您这么一讲，好像确实要花很多钱。"

就职于外资保险公司的朋友似乎赚了不少钱，这是否意味着保险公司从客户身上大赚了一笔？

"这些开销都是由投保人缴纳的保险费来支付的吗？"

"没错。投保人每月缴纳的保险费中，作为保险金❶或理赔金❷返还给投保者的部分是纯保险费，作为保险公

---

❶ 被保险人死亡或者保险期满时，由保险公司支付的钱。一旦收到保险金，合同就终止了。

❷ 被保险人在保险期间因生病或受伤住院、手术时，由保险公司支付的钱。

司的手续费、员工的工资、广告费和运营经费的钱是附加保险费，这个比例一般不会公开。不过既然花了这么多钱，附加保险费的比例一定不会低。"

"是的，我也这样认为。"

"关于附加保险费的部分，投保人应该考虑一下是否能真正享受到与之相应的服务。如果保险业务员能提供与成本相匹配的优质服务，就可以支付高额保险费购买保险。最近也有节省费用的互联网保险，可以选择这样的保险。"

我现在加入的保险是在来公司推销的女业务员的推荐下购买的，从那之后就没有任何消息了，我也不指望能享受到什么优质的服务。

"另外，就储蓄型保险而言，如果等到保险期满后，被保险人会被返还超过其缴纳的保险费的钱。但如果投保人中途提取的话，则会大幅损失本金。很多产品都是如此，这也是问题所在。加之，如果出现了意外情况，被保险人获得保险理赔金，这种情况下很多保险产品是不会返还解约退还金❶的。既然如此，还是停止缴纳储蓄型保险金，通过个人投资让资产增值比较好。自己投资的话，即使出现意外情况，剩下的钱也还在自己手上。"

"这样想的话，购买储蓄型保险的好处好像不多。"

"日本有享誉世界的全民保险❷的医疗保险制度，高额医疗费用❸也由国家承担。这种情况下，就算住院或者手术也花不了多少钱，个人在这方面的投入只需要填补公共制度无法覆盖的部分就可以了。"

➡ 赚到超过"自我投资"的钱

"我明白了，那么自我投资又是什么呢?"

---

❶ 解除保险时返还的钱。终身保险和养老保险等具有储蓄性质的保险带有解约退还金，但加入时间不久则很难拿到这笔钱。

❷ 原则上全体国民都必须加入公共医疗保险的制度。在全球范围内，对日本医疗保险制度的评价也很高，2000年世界卫生组织（WHO）对日本的医疗保险制度综合评分为世界第一。像美国这样的发达国家也有以民间保险为主的制度，有很多未购买保险的国民。

❸ 医疗费用自付额过高时，超过一定金额（自付限额）的部分将被退还。

"自我投资也有很多种，你认为它是指什么呢？"

"应该是考资格证吧，我周围也有很多为考证而学习的人。"

"很多人认为自我投资等于考取资格证，但会计力强调要赚到比投入的成本更多的钱。从这个角度来看，资格证能否对工作有帮助并增加收入至关重要。拿到资格证就能赚钱已经是过去式了，今后的时代，无论是律师还是会计，工作的很大一部分都将被人工智能取代，现在也有很多人考取了资格证却依然无法养活自己。"

"我听过这个说法，说现在是一个当了律师也养不活自己的时代。"

我想起了前段时间在新闻上看到的，有人自己创业开了一间律师事务所，但是完全没有赚到钱，于是又重新回去成了一个上班族的故事。

"不光是资格证，生活中还有各种各样的付费学习，但其中有很多只是让我们感觉自己通过学习获得成长了，并没有任何物质上的回报。自我投资虽然能满足求知欲，让人变得聪明，但如果付出的金钱无法获得回报，就和奢侈浪费没什么区别。"

"那么具体应该学些什么呢?"

"重要的是提高赚钱的能力,这其中也包含着个人能力的提升。不努力提升个人能力是无法持续赚钱的。为此,一个人要努力将学到的知识付诸实践。通过实践,赚到超过投资成本的钱。"

"通过实践,赚到超过投资成本的钱,这是会计力的基本原则吧。"

"是的。但困难的是,越是磨炼个人能力的深度学习,越是不能立刻和金钱挂钩。如果因为不能立刻赚到钱而不深入学习,只是学习眼前要用到的方法技巧,即使一开始发展得很好,也终究会在某个地方停止成长。深度学习和即时的金钱回报,二者之间的平衡很难掌握。总之,最重要的是勇于实践。虽说实践也未必能导向成功,但不去实践的话人生则不会发生任何改变。"

确实如此,我下定决心,一定要将学到的知识好好地付诸实践。

自我投资中最重要的是?

资产负债表

自我投资	自有资本
通过提升个人能力来赚取更多的钱	资本成本

通过对自我投资所学到的知识加以实践,赚到超过投资成本的钱是最重要的。

"我也想把从您这里学到的知识付诸实践,从而取得成功。"

"那就一定要加油。刚才我也讲过,只有10%的人能将学到的知识付诸实践,这些人里面又只有10%的人能够坚持做下去。也就是说,只有1%的人最终能够获得成功。成功并不需要多么独特的知识和技能,而是看一个人能否坚持做下去。"

"明白！我一定会坚持的！"

"今天就到这里吧。在意识到赚钱的责任之后，将赚到的钱花在能让自己感到幸福的事物上，这是非常棒的事情。就像我对甜食也完全没有抵抗力，尤其是提拉米苏。"

我心里犯嘀咕，因为卢卡·帕乔利是意大利人所以喜欢甜食吗？可是文艺复兴时期有提拉米苏吗？

"小伙子，我教了你这么多，明天给我买点提拉米苏吧，就这么说定了。"

"好的，我记住了。"

"总之，要明确什么是对自己最重要的事情，什么是能给自己带来幸福的事情，然后在这样的事情上花钱。若非如此，则是对金钱的浪费。重要的是让自己心动，这是近藤麻理惠❶给我们的教诲。"

---

❶《怦然心动的人生整理魔法》（2010年）一书的作者。日本怦然心动整理流派创始人。这位以独特整理方法闻名的日本整理大师说，人们应该把所有同一类别的物品放在一起，逐一拿起，问问自己，它是否带来了快乐。——译者注

竟然知道近藤麻理惠，卢卡·帕乔利究竟是哪个时代的人啊？

"对了，提拉米苏能否成为有益的投资取决于你自己。如果你能通过好好学习并灵活运用所学知识，把它变成将来的收益，那购买提拉米苏的这笔钱就是活钱。如果你不能灵活运用所学的知识，那么开心的就只有吃到提拉米苏的我了，这样倒也不错。"

"是啊，花钱的时候也要考虑如何灵活使用金钱。"

话音刚落，卢卡·帕乔利就躺在床上，打着呼噜睡着了。

为了不忘记学到的内容，我在笔记本上做了笔记，然后在沙发上倒头睡着了。

▶ 第 2 章　要点

　　会计力对人生也有帮助。或者说，将其灵活运用在生活中才能使其真正发挥作用。

　　生活中，能够明确意识到金钱有成本的人少之又少。特别是信用卡分期付款，这是一种很神奇的机制，能让人购买仅凭自己的收入无法负担的东西。加上采取了双倍积分的策略，很容易让人上瘾。但考虑到其过高的年利率，实际上它和高利贷没什么两样。

　　在此并不是说年利率低就好，而是想强调，是否有必要持有不能创造收益的资产、有成本的资产、会贬值的资产，它们能否真的给自己带来幸福，想清楚这一点很重要。

　　对于没必要持有的资产以及不能给自己带来幸福的资产，如果只是因为"大家都有所以自己也要有"这样的虚荣而持有的话，从会计力的观点来看并不合理。与其这样，不如好好研究，投资一些能够增值的资产才是明智之举。

首先将收入的10%及奖金的50%存起来，把这笔钱放在一个固定账户里不动以求安心。存款金额达到月收入的三倍之后，超过的部分就用于投资，灵活使用金钱使其增值。

具体的投资方法多种多样，有股票投资、房产投资、自我投资等。重要的是独立思考，对自己的投资负责。充分利用复利的力量增加金钱吧。

当然，正如卢卡·帕乔利所言，人生不要时时刻刻只想着赚钱，把钱花在不能赚钱的事物上也没有任何问题，重要的是去感受它能否给自己带来幸福。从广义上讲，培养这种感知能力也是提升会计力的方法之一。

第 2 章 总结

金钱有成本。

始终意识到要增加金钱，不浪费钱。

◎ 分期付款→恶魔的商业法则

◎ 进口车→即使成本低也不能赚钱

◎ 自住房→自由受限

创建能够创造收益的机制比较现实。

◎ 股票投资

- 投资与投机不同

- 长期持有看好的公司股票

- 基金定投

◎ 保险

- 不推荐购买储蓄型保险

◎ 自我投资

- 提高赚钱能力

- 提升个人能力

赚到超过投资成本的钱。

第 3 章

借助他人之力
发挥杠杆作用

➡ 试着看自己公司的财务报表

一觉醒来，卢卡·帕乔利又消失了。我是连续两天都在做梦吗？但是这些场景如此真实，我想这一定不是梦境。

去公司的路上我开始复习昨天晚上卢卡·帕乔利教给我的内容。

金钱有成本。借款就不用说了，即使是自己赚来的钱，也要有意识地灵活使用这笔钱，使其增值。当然，如果是自己非常喜欢或者能给自己带来幸福感的事物，不赚钱也没关系。反之，仅仅是因为虚荣和好面子而花钱，从会计力的观点来看是很傻的行为。与其这样，不如好好提高赚钱的能力，将钱花在能让自己感受到幸福的事物上，这才是灵活使用金钱。

想着想着，我不知不觉就到了公司。平时早上的通勤总是让我很沮丧，但不知为何今天竟然觉得心态变积极了。

我坐到位子上，打开电脑，进入自己公司的主页，看到"致股东/投资者"这个标题。点进去一看，是最新的有价证券报告书[1]。仔细一想，我进公司已经四年半了，这是第一次看自己公司的财务报表。好不容易学了会计，却没有灵活运用。我试着看了一下资产负债表，首先映入眼帘的是大量借款。与自有资本相比，长期借款较多。这样真的没问题吗？

"怎么了松井，你怎么看起财务报表来了？"

我吓了一跳，回头一看，小林女士正站在身后。

➡ **"杠杆作用"是什么？**

"那是我们公司的财务报表，看了之后有什么发现吗？"

"我注意到借款很多，我以前从不知道我们公司有这么多借款，这样没问题吗？"

---

[1] 主要是指上市公司在每个会计年度制作的向外部公开企业内容的资料。包括企业概况、业务内容、设备状况、营业状况、财务报表等。

"我们公司的自有资本比率❶确实很低。不过，虽说负债多，但毕竟是长期借款❷。虽然长期借款多是个问题，但流动比率❸也足够高，所以不必担心。我们公司是有意增加负债以发挥杠杆作用的。"

自有资本比率、流动比率、杠杆作用……小林女士认为我懂会计知识所以很自然地说出这些术语，但我却听得云里雾里的。

自有资本比率应该是指总资本中自有资本所占的比率。流动比率是指流动资产❹对流动负债❺的比率吧。那

---

❶ 自有资本的金额对总资本（资产负债表右侧，也就是负债和自有资本的总和，等同于总资产）金额的比率。它是反映总资本中有多少是由自有资本维持的指标。自有资本比率越高，公司的财务稳定性就越强。

❷ 是指企业向银行或其他金融机构借入的期限在1年以上（不含1年）的各项借款。与此相对，借入的期限在1年以内（含1年）的借款叫作短期借款。

❸ 流动资产金额对流动负债金额的比率。流动比率表示了流动资产超过流动负债多少。从流动比率可以看出公司的短期支付能力（短期安全性）。

❹ 是指企业在1年以内或超过1年的一个营业周期内变现、出售、耗用，或主要为交易目的而持有，或者预计在资产负债表日起1年内（含1年）变现的资产。

❺ 是指企业将在1年内（含1年）或者超过1年的一个营业周期内清偿的债务。

杠杆作用又是什么呢？

我之前总是装出一副很了解的样子，这样不好，不懂的问题还是老老实实地说不懂吧。

"请问，杠杆作用是什么意思呢？"

"松井，你不懂杠杆的意思吗？你在商学系学过会计吧。"

"是，是的。"

不知为何小林女士给我一种卢卡·帕乔利上身的感觉。

"所谓杠杆，就是指杠杆原理。例如负债为0，自有资本为100的公司，如果这家公司创造出10的利润，那么其ROE[1]就是10%。"

小林女士一边画图一边说明：

"与此相对，如果增加负债的比率，负债为50，自有资本为50，同样获得10的利润，那么ROE就是20%。像这样利用负债来提高ROE就是所谓的杠杆。"

---

[1] Return on Equity，自有资本收益率，在我国通常称为"净资产收益率"。在此处用来反映自有资本创造了多少收益。——译者注

ROE这个词我记得。ROE是利润与自有资本的比率，所以在相同利润的情况下，自有资本越少，ROE就越高。

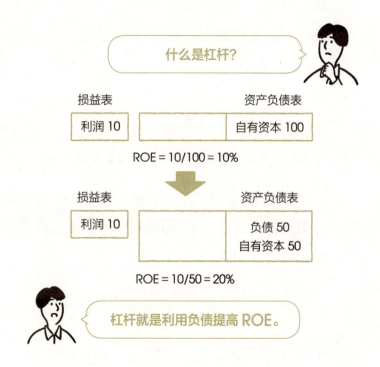

什么是杠杆?

损益表		资产负债表
利润 10		自有资本 100

ROE = 10/100 = 10%

损益表		资产负债表
利润 10		负债 50 自有资本 50

ROE = 10/50 = 20%

杠杆就是利用负债提高 ROE。

"也就是说，如果继续增加负债的比率，ROE还会继续上升吗?"

"没错。但是过分利用杠杆会导致财务状况恶化，财务信用评级❶就会下降，负债的筹措成本则会增加。也就是说，自有资本过多会导致企业的ROE恶化，负债过多则会导致资金的筹集成本增加。需要找到二者的最佳平衡点，即最优资本配置❷。"

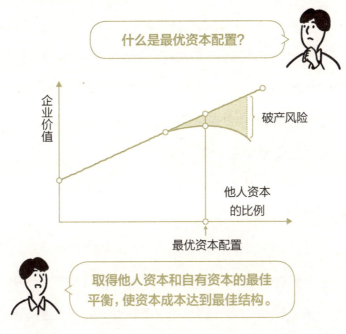

什么是最优资本配置?

企业价值

破产风险

他人资本的比例

最优资本配置

取得他人资本和自有资本的最佳平衡，使资本成本达到最佳结构。

---

❶ 用简单的符号或数字表示对金融产品或公司、政府的信用状况进行评估的等级。

❷ 指取得他人资本和自有资本的最佳平衡，使资本成本达到最佳的结构。严格来说，负债的节税效果也要考虑在内。

　　最优资本配置……我记得我在大学学过这个，但如今已经忘得一干二净了。不过看到自己公司的财务报表后，我还是略有体会。

　　小林女士继续讲：

　　"不光要看自己公司的财务报表，也要看客户公司的财务报表。财务报表可以与同行业其他公司进行横向比较，也可以按照时间轴与本公司之前的财务报表进行纵向比较，这样能从中发现很多问题。"

　　"好的，我明白了。"

　　"而且，杠杆作用不仅适用于会计，也适用于人生。"

　　说完，小林女士回到了座位上。

　　杠杆作用适用于人生？这是什么意思呢？

　　我首先按照小林女士讲的，在客户公司的主页上下载并打印了对方的有价证券报告书和IR^❶资料。从财务报表来看，这家公司与我们公司不同，自有资本比率较高，看

---

　❶　Investor Relations，投资者关系。为了使公司得到公正的价值评估，与投资者和资本市场进行沟通。

来该公司的经营相当稳健。在我过去与其负责人的交谈中，他给我一种踏实稳重的印象，想必这种风格也体现在了公司的财务体系上。我原以为财务报表只是数字的罗列，现在却觉得生动而真实。

我对看财务报表产生了兴趣，不光是客户公司，我把自己熟悉的知名公司的财务报表都看了个遍。此前我从未想过自己会主动看财务报表，人生真是难以预料。

➡ 债务也有"坏债务"和"好债务"之分

结束工作后我走出办公室，今天能见到卢卡·帕乔利吗？不管怎样还是买点提拉米苏作为礼物吧，如果见不到他我自己吃了也行。

我买了两块平时不会买的500日元一块的高级提拉米苏回家。回到家中，屋里一片漆黑，一个人也没有。

哎，卢卡·帕乔利究竟是何方神圣？还是说真的只是我在做梦？

我不由叹了口气，脱下西装，换上家居服，坐在餐桌前，无可奈何地打开买来的提拉米苏。

就在这时，黑暗中传来说话声：

"那不是提拉米苏吗?"

"哇！帕乔利先生，您在吗？请不要吓唬我，您到底藏在哪儿了?"

卢卡·帕乔利不知道从哪里走了出来：

"我是被提拉米苏的香味引诱出来的。如果你没有买提拉米苏，我是不打算出来的。"

这个人怎么这么现实，不过这点倒也不招人讨厌。

"哇，看起来相当美味啊！"

卢卡·帕乔利两眼放光地说。他打开提拉米苏的袋子，似乎在找什么东西的样子：

"意式浓缩咖啡呢?"

"意式浓缩咖啡?"

"提拉米苏必须要配意式浓缩咖啡，真是个不机灵的家伙。"

"不好意思，我没有买意式浓缩咖啡。"

"罢了，你去给我泡杯咖啡吧。"

我泡了一杯速溶咖啡，递给卢卡·帕乔利。

"好吃，真幸福。我第一次吃到这么好吃的提拉米苏。"

"合您的口味真是太好了。"

"真的很好吃，谢谢。"

卢卡·帕乔利带着一副满足的表情双手合十。

"能吃到这么美味的提拉米苏，多亏了糕点师傅、糕点店的店员。再往远点说，还有农民和牛。"

"这话从何说起呢?"

"你想想，这块提拉米苏在到我手上之前，经过了多少人的努力，我为此深受感动，当然也要谢谢你。"

"这是我应该做的。"

我很惶恐地学着卢卡·帕乔利双手合十。

"不过您真的很厉害啊，能由一块提拉米苏联想那么多。"

"当然，人无法一个人生活，而是需要借助很多人的力量活着。像这样借助别人的力量灵活运用杠杆，也是会计力。"

"杠杆！今天才跟小林女士学过。"

"那正好，那你来跟我讲讲杠杆吧。"

我被杀了个措手不及，拼命回想早上小林女士讲过的话。

"是说通过增加负债比率来提高ROE吗？"

"没错。会计上所说的杠杆就是指利用负债来提高ROE。"

"利用负债……但是昨天您不是还说贷款买房和买进口车不好吗？"

昨天明明还在否定贷款买房和买进口车，这不是和利用负债相矛盾吗？

"你的理解太狭隘了，我并没有说负债就都不好。"

"是这样啊。我一直以为负债就一定是坏事。"

"如果你能赚到比债务成本更多的钱，那会是一个很好的投资。灵活利用负债就能做超过自有资金的投资，也就是发挥杠杆作用。"

负债不是坏事？

资产负债表

资产	负债
	借款　30万（日元）
	利率　2%
投资　50万（日元）	
利率　5%	**净资产**
	自有资金　20万（日元）

如果能赚到超过负债成本的钱，就不是"坏债务"，这种情况下可以负债。

➡ *"非劳动收入"是狡猾的?*

"做超过自有资金的投资,这就是杠杆作用啊。"

"是的,假设自有资金只有20万日元,再借30万日元就可以进行50万日元的投资。如果以2%的利率借款,而利用这笔钱获得5%的收益率,就等于轻松赚取年利率3%的钱,这样就能创造一些非劳动收入 ❶ (被动收入)了。"

"我听说过非劳动收入,是说什么都不做也能赚钱吧。"

"与其说什么都不做,不如说是与工作时间不成正比。昨天说的股票投资、房产投资以及版税、企业经营性收入等都属于非劳动收入。收入分为劳动收入和非劳动收入两类。劳动收入是指通过付出劳动所获得的收入,最典型的就是工资。工作就会有工资,不工作则没有工资。医生、律师、大企业的精英,他们的工资都是劳动收入。"

"工作就有工资,不工作就没有工资,这是理所当然

---

❶ 利息、分红、房租、地租等,不用自己工作就能获得的收入。也称资本收入、权利收入。

的吧?"

"是理所当然没错,但工作并不是获取收入的唯一途径。世界上还有很多与工作时间不成正比的收入。"

我从来不知道还有这样的收入,一方面很羡慕,另一方面又觉得不通过劳动来获取收入很狡猾。我把这个想法告诉了卢卡·帕乔利。

"非劳动收入虽然很有诱惑力,但总觉得有点底气不足,感觉这样做很狡猾。"

"那是基于'劳动是美德'的观念,认为金钱是用汗水换来的。这种想法很美好,我也并不排斥,因为工作蕴藏着无穷的乐趣。"

"您说得没错,我父母从小就教导我,金钱是用汗水换来的,不工作就没饭吃。"

说到这里,努力工作的父母的面庞浮现在我的眼前。

"想必你的父母一定很勤劳吧,真是令人钦佩。像你一样认为非劳动收入不好的人有很多,但这样只会限制自己的可能性,所以还是放弃这样的想法比较好。重要的不是你是否流下汗水，而是你是否为他人创造了幸福。如果你拼命工作但是不能给任何人带来幸福，那为何不换一种方式赚钱，轻松一点也能赚到更多的钱，由此给他人带来幸福呢？"

是这样吗？不过这么一说好像确实如此，比起我是否流下汗水，是否为他人创造了幸福更加重要。

"实际上，大部分人认为想要赚钱就必须工作，而不去思考其他途径。这是他们所受的教育灌输的理念，学校教育我们，成为勤劳的工作者是赚取金钱的唯一方法。"

"赚钱有其他方法，这么重要的事情为什么学校不教给我们呢？"

"学校有学校的考虑，学校教育的目的就是培养勤劳的劳动者。所以有些东西必须自己学习，为此也需要具备会计力。"

"听了您的话，我也想创造非劳动收入了。"

"单纯依靠非劳动收入是很无趣的，毕竟通过自己的辛勤劳动创造价值是能让人感到幸福的事。"

确实，如果完全不用工作的话，我也会觉得人生很无趣。

"如果收入来源只有劳动收入，那么生病或受伤的时候收入就会被中断，这是很危险的，所以我认为保持劳动收入和非劳动收入的平衡是再好不过的了。如果非劳动收入能够覆盖生存所需的钱，人就不会对钱感到不安，也会对他人友善。这种情况下便可以只做自己喜欢的工作，工作效率会提高，从而赚取更多的钱，这是一个良性循环。"

如果能过这样的人生该有多好啊。

➡ 有钱人没有不投资房产的

"但是，很多人一旦收入增加，就会变得奢侈起来，增加生活成本，这样会让人感觉欠缺会计力。"

"所以不能奢侈吗？"

"也不是这样。奢侈是快乐的，也是很好的经历，正所谓经历是宝贵的财富。只不过，一个人好不容易有了钱，与其用于奢侈消费，还不如用于积累财富。"

"如果收入增加了，把增加的这部分钱用于奢侈消费不可以吗？"

"这是你个人的自由，不过你应该考虑机会成本❶。"

什么是机会成本？

增加的收入 → 用于投资 → 增加金钱

本应该获得的收益
＝机会成本

用于奢侈消费 → 钱只会减少，什么也不会留下

如果把钱投资到其他地方，本应该能获得的最大收益。

---

❶ 指在多个选项中，在同一期间内产生最大收益的选项与其他选项之间的收益进行比较。投资其他选项的话本应该能获得的最大收益。

"机会成本？这又是什么意思呢？"

"这你也应该在大学学过，是指你将这笔钱用于其他投资能够获得的最大收益。如果要奢侈地花钱，就应该把这笔钱与将其用于投资应该获得的收益进行比较，尤其是利用复利得到的收益。"

"是指用于股票投资获得的收益吗？"

"这个也有。正好提到杠杆的话题，接下来说说房产投资吧。"

"房产投资？我记得您昨天刚讲过不应该买房。"

"房产投资和购买自住房不同。自住房是刚需，基本上不会产生任何收益。不要买这种，要买可以出租的收益性房产。"

"收益性房产？说起来，和我同期的同事工藤很自豪地说自己买了一套投资用的公寓。原来是这样啊。"

"如果用于出租，该资产就会产生收益。自住房无法产生收益，但用于投资的房产能够产生收益。有钱人没有不投资股票的，也没有不投资房产的。"

"是啊，有钱人给人的印象就是拥有许多房产。我的朋友中也有人买了投资用的公寓，说是零首付就可以投资。"

"投资零首付的单身公寓啊。要是没选错房子还好，但也有很多人听信了房产中介的花言巧语选到了不合适的房子。如果要投资房产，就不能对中介言听计从，好好学习如何收集信息非常重要。当然也有有良心的中介，不过大部分中介还是只会推荐自己想卖的房子，不下功夫自己收集信息的话会吃亏的。"

"这样啊。但是感觉学习如何收集信息有点麻烦，有更简单的方法吗？"

"不要妄想走捷径，虽然非劳动收入给人一种轻松赚钱的印象，但不好好学习的人只会成为冤大头。"

天下果然没有免费的午餐啊。

"好好学习收集信息的话，会发现500万日元以下的二手房比比皆是。再好好翻新一下，以每月6万日元的价格租出去，一年就可以收到72万日元的租金。假设包括各项费用在内的总投资额为600万日元，其中一半即300

万日元是年利率为2%的借款，借款期为10年，那么月还款额约为3万日元，房租减去月还款额就是每月可得利润，约为3万日元。包括经费和税金在内，大约10年就能收回投资额，之后就一直是净利润了。"

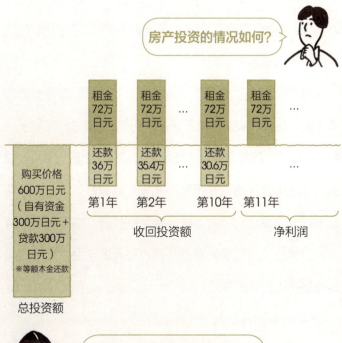

房产投资的情况如何？

购买价格600万日元（自有资金300万日元＋贷款300万日元）※等额本金还款	租金72万日元	租金72万日元	...	租金72万日元	租金72万日元	...
	还款36万日元	还款35.4万日元	...	还款30.6万日元		...
	第1年	第2年		第10年	第11年	

总投资额

收回投资额　　　净利润

大约10年可收回投资额，之后就一直是净利润了。

"那真是太棒了。"

"像这样创造非劳动收入，当非劳动收入可以满足必要生活开支时，你就可以从金钱焦虑中解放出来了，到时候你就可以自由支配金钱了。"

摆脱金钱焦虑简直太棒了，但是这没有风险吗？

"但是房产不是有空置的风险吗？昨天您也说过有三分之一的房子会空置吧。"

"有风险是因为动用了大量的杠杆资金，以零首付的方式贷款，在资金紧张的状况下进行投资。只要选对了房子，就不会出现一两年都空着的情况。如果只是空置几个月，现金流就变得紧张的话，还是不要投资比较好，因为这种情况下投资只会造成压力。即使要利用杠杆，也不要以零首付的方式投资，最好先准备几百万日元的本金，把借款比例控制在适当范围内。"

"但是拿出几百万日元也很难吧。"

"没有你想的那么难，如果你不买名牌手表、进口车什么的东西，再把月收入的10%、奖金的一半好好存起来，几年就能攒下几百万日元。但是，欠缺会计力的人稍微攒下一点钱就会立刻挥霍掉，因此一直为钱所困。"

被卢卡·帕乔利这么一说，我无可辩驳，一时间很后悔分期付款买了不符合自己消费习惯的名牌手表。

➡ 借助他人的力量，在人生中发挥"杠杆作用"

"'杠杆作用'的思维方式也可以灵活运用于人生当中。"

"嗯，这个小林女士也讲过，那是说应该增加贷款吗？"

"不是这个意思，是说生活中也不要只依靠自己的力量，而要适当借助他人的力量。"

说完，卢卡·帕乔利在笔记本上画了一张资产负债表。

"仅凭自己的知识和经验想办法，就像只靠自有资本投资一样。成功的人无一例外都会借助他人的力量。也就是说，不仅要靠自有资本，也要借助他人资本的力量来灵活运用杠杆。"

用"人生的资产负债表"来思考会得到怎样的结果？

他人的
力量

自己的
力量

借助他人的力量才是灵活运用杠杆。

"确实，借助他人的力量才是灵活运用杠杆。"

"回到刚才提拉米苏的话题，再怎么天才的糕点师，仅靠自己一个人的力量也做不出来提拉米苏。农民们、加工原材料的人、制作烹饪工具的人、送货的人……在很多人的共同努力下才能做出一块提拉米苏。可以说任何工作都是如此。"

"是啊。虽然我之前从来没这样想过，但仔细想想，我的工作也是多亏了很多人的帮助才能完成的。"

"你要深刻意识到这一点,心存感激,并学会借助更多人的力量。你知道'钢铁大王'安德鲁·卡内基[1]的墓志铭写着'此处长眠之人,幸甚曾得智者常伴左右'吗?"

"钢铁大王"安德鲁·卡内基,我听过他的大名。"幸甚曾得智者常伴左右",如果能做到这点,就什么都能做到吧。

"借助他人的力量就是灵活运用杠杆。为此,自己首先要成为值得信赖的人,成为知道如何发挥他人力量的人。"

"我同意,人必须自我成长。"

"会计杠杆也是一样的。能够获得他人资本,也就是能够向他人借款,是因为拥有他人的信任。如果没有他人的信任,根本就无法借到钱。说到借钱,可能会给人一种消极的印象,但能借到钱,能借助别人的力量,是很了不起的事情。"

原来是这样啊,因为有他人的信任才可以借到钱,我

---

[1] 卡内基钢铁公司的创始人,被世人誉为"钢铁大王"。

以前没有仔细想过这个问题。

"你也好好想一下，你能够借助谁的力量，以及你要如何发挥他们的力量。"

➡ 建立"人力资本资产负债表"

"好的。但是老实讲，对现在的我来说，似乎没有多少人愿意帮我。"

"不要这样想。我们既要建立'个人资产负债表'和'个人损益表'，也要建立'人力资本资产负债表'。"

说完，卢卡·帕乔利在笔记本上画上了"人力资本资产负债表"。

"在右下角的'自有资本'部分，写上你的知识和经验。右上角的'他人资本'部分写上能够帮助你的人的名字。"

"突然这么一说……"

"没事，试着写一下。先不考虑对方实际上会不会帮你，写上你希望能够帮助自己的人的名字。"

于是，我把在大学里学到的会计知识、工作后的销售经验以及从卢卡·帕乔利那里学到的会计力知识作为自己的知识和经验写了下来。在"他人资本"一栏，我把小林女士、同期的冈田和工藤、下属石川、大学时代的朋友前田和涩谷，还有我父母都写上了。

松井的"人力资本资产负债表"

资产	他人资本
	小林女士　冈田
	工藤　石川
	前田　涩谷
	父母
	自有资本
	会计知识
	销售经验
	会计力知识

自有资本＝自己的知识和经验
他人资本＝能够帮助自己的人的名字

"看，这不是写得很好吗？"

"这样写下来才发现我比想象中更幸运，一直以来都受到很多人的照顾和帮助，我一下子有些莫名的感动。"

"能帮助你的人应该还有很多。"

诚如卢卡·帕乔利所言，能帮助我的人还有很多。我也想获得更多人的帮助，可是他们真的会帮我吗？

"是的，我想还有很多。可是怎样才能获得他人的帮助呢？"

"你只要谦虚坦率地拜托他人，说'请帮帮我'就可以了。"

"请帮帮我，是吗？这种话我实在是说不出口。"

"不必这么拧巴。很多人认为这个世界很残酷，想靠自己的力量解决问题，这其实是不信任他人的表现。"

"不信任他人……"

"这个世界比你想的更温柔。意识到自己的无力，大方寻求他人的帮助就好了。如果之前做不到的话，从现在开始也不晚，从珍惜他人做起吧。"

我完全没想到从会计力的角度还能延伸到珍惜他人的

话题上，但不得不承认卢卡·帕乔利言之有理。

➡ 自己能创造什么样的价值?

"既然借助了他人的力量，你就应该想想把自己的力量和他人的力量相结合能够创造什么样的价值。"

"能创造什么样的价值?"

"没错。你要知道自己想做什么，想创造什么样的价值，想创造怎样的世界，跟你的想法有共鸣的人自然会成为你的伙伴。"

说起来，我从未想过自己想创造什么样的价值。

"索尼、本田等公司也是从创始人的构想出发而创立的。对创始人的想法和理念产生共鸣的人聚集在一起，成就了那样的大企业。"

"索尼和本田? 我不敢有那样的宏图大志。"

"不是说要创办大企业。我的意思是，无论在公司工作，还是自主创业，找到有共鸣的伙伴，获得他们的帮助，就能创造出一个人无法创造的价值。"

我到底想创造什么价值呢？能提供什么样的价值呢？

"现在一时想不出来也没关系，但要时刻保持这样的意识，把它写在'人力资本资产负债表'的左侧部分，平时多看看。"

"好的，我知道了。"

"人力资本资产负债表"的思维方式

资产	他人资本
自己想做什么	
想创造什么样的价值	自有资本
想创造怎样的世界	

现在一时想不出来也没关系，但要时刻保持这样的意识。

"另外，你还要知道，不仅是你，那些帮助你的人，他们的时间也是有成本的，要努力创造出超出他们的时间成本的价值。"

"这就是会计力吧。"

"是的。筹集到的金钱和他人的时间，一定是有成本的。你要意识到自己有责任创造出比这些成本更多的金钱和价值。"

"是的，我明白。"

我一脸严肃地回答。

"啊，你的表情好僵硬啊。我刚才也说了，人生嘛，不是任何时候都必须创造出金钱和价值的。"

"我明白。只是一提到创造金钱和价值的责任，我就会不由自主地想得比较沉重。"

"真是个认真的家伙呀，这是你的优点。但是，人生最大的成就是让自己获得幸福。那些帮助你的人最希望看到的也是你能幸福地生活。"

卢卡·帕乔利的话很温柔。虽然有时候他的表达很严厉，但我能感觉到他内心深处是一个充满爱的人。

"不要那么严肃，放轻松。如果给自己太沉重的心理负担，反而会产生负面效果，该前进的时候也会停滞不前。"

卢卡·帕乔利一脸轻松地说。

"放轻松，好的，我知道了。"

"关键是要轻松愉快。赚钱需要耗费心力，但如果思虑过重反而无法前进。越轻松，钱就越容易聚集到你身边。"

是这样的吗？不过我也明白，把事情看得太重会导致进展不顺利。

"今天就到这里吧。明天也带一块提拉米苏回来吧，别忘了意式浓缩咖啡哦。"

"啊，明天也要吗？"

"当然。啊，刚才吃了提拉米苏，我要刷牙。你有多余的牙刷吗？"

"有，在洗手台下面的架子上。"

"谢谢。"

有必要轻松自在到这种程度吗？我把从卢卡·帕乔利那里学到的东西记在笔记本上。他已经刷完牙，飞快地钻进被窝，开始打呼噜了。

▶ 第3章　要点

会计主要是从资金的角度对股份公司（也包括股份公司以外的公司）的业务活动进行记录。

股份公司的结构可以说是人类最伟大的发明之一。为什么这样讲呢？是因为它通过转让所有权、股东不承担以个人财产偿还公司债务的义务、在公司赢利时获得分红的机制从社会上广泛募集资金，使得公司开展大规模业务活动成为可能。

此外，公司还可以通过借款，也就是借用他人资本来筹集资金。利用借款可以发挥杠杆作用，用比自有资金更多的钱进行投资，从事更大规模的业务活动。

在企业财务方面，负债增加会导致ROE提高、破产风险提高以及筹资成本增加的后果。需要在充分考虑上述因素的前提下决定企业的最优资本配置。

将这种思维方式延伸到人生中，通过建立"人力资本资产负债表"来清楚地展现人不仅要依靠自己的力量，而且要借助他人的力量，发挥杠杆作用。

将利用自有资本与他人资本创造价值的会计思维运用到人生中，这是我和我的客户在生活中实践过的，产生了巨大成果的方法。

将借助他人的力量这件事以直观的形式呈现出来，并不断地加强这种意识，就能完成一个人无法胜任的工作。

另外，要想借助他人的力量，自己首先要做到不断成长进步，其次要承认自己也有做不到的事情，谦虚坦率地寻求他人的帮助。自然而然地，个人能力就会不断提升。

请一定要灵活运用杠杆，借助他人的力量，在工作和人生中创造新的价值。

第3章 总结

◎ **非劳动收入**

- 能否为他人带来幸福比是否工作更重要

◎ **房产投资**

- 攒够首付，灵活运用杠杆

- 自己学习收集信息！

◎ **人生的杠杆**

- 借助他人的力量

- 自我成长

- 不寻求他人的帮助是因为不信任他人

- 珍惜他人

- 能创造什么样的价值？

- 不要严肃，要放轻松

第 **4** 章

想象资金流动
加快周转速度

→ 准备好足够的库存

早上醒来一看，果然，卢卡·帕乔利又消失了。

这是梦境还是现实，我已经不在意了。比起这个我更在意的是卢卡·帕乔利教给我的东西真的很有价值，不付诸实践就太可惜了。

就拿昨天学到的杠杆作用来说，我认为除了灵活利用负债这种财务杠杆，借助他人的力量这一杠杆思维也非常重要。不单单依靠自己的知识和经验，还要借助他人之力，这样才能创造出更大的价值。

在去公司的电车上，我打开了昨天记在笔记本上的"人力资本资产负债表"。"他人资本"那一栏写着小林女士、同期的冈田和工藤、下属石川、大学时代的朋友前田和涩谷以及我父母的名字。我要如何借助他们的力量呢？

如果是下属的话，我可以以上司的身份命令他做事，但我总觉得这样不太好，更何况是朋友、同事和上司。我真的能够获得他们的帮助吗？

想着这些，我不知不觉就到了办公室。怎么也想不明白这个问题，我决定暂时不想了，先着手眼前的工作。今天是向客户公司提供销售方案的截止日，我必须打起精神来。

"谢谢大家！我想本周内就可以交付服务器。"

"最近松井先生的提案都很实在啊，那就拜托你了。"

我们和青山物产已经有三年的业务往来了，但这是他们第一次导入我们公司的销售支持系统。果然充分掌握客户的数据之后再提供方案才是最有效的。

我回到公司，立刻给物流部门打电话订货。

"什么？库存不足？"

"实在不好意思，还有两周到货，请您再等一下。"

我感到难以置信。到目前为止，进货从来没有花过这么长的时间，为什么偏偏这个时候库存不足呢？

"这就难办了，我已经跟客户承诺了本周内交货。"

"这样啊,我们这边会尽量争取赶上交货时间的。但以防万一,麻烦您转告客户我们可能会延迟交货。"

我挂断电话,叹了口气。

"物流部门太没用了,要准备好足够的库存啊。"

这下糟了,怎么办才好呢?

能不能让小林女士跟物流部门说一下,让他们提前进货呢?抱着一丝期待,我走向了小林女士的工位。

"松井,有什么事吗?"

"是这样的,我跟客户约定了本周内交付服务器,可是现在我们公司的仓库缺货。为什么库存这么紧张呢?要是库存更充足就好了"

"那你认为这是什么原因造成的呢?"

小林女士用另一个提问来回答我的问题,我一时也不知道该如何作答。

"好不容易学了会计力的知识,自己好好想想吧。"

"好的。嗯……是因为库存过多的话,一旦发生滞销会造成库存积压吗?"

"当然也有这个原因。如果成了不良库存❶的话，就必须做好遭受损失的准备并把它们处理掉。但即使是滞销风险很小的商品，也不应该有过剩的库存，你知道这又是为什么吗？"

不应该有过剩库存的理由？库存增加，资产就会增加，从而使得效率恶化，是这样吗？

"是因为资产增加会导致资产效率恶化吗？"

"正是这样。库存增加会导致资产回报率❷恶化，资产回报率是税后净利润与总资产的比率。但这是教科书上的答案，如果能更实际地想象库存的含义就好了。"

"想象库存的含义？"

"不仅要想象库存的含义，也要更加动态地想象公司内部的资金流动。试着感受一下，如果能做到的话，我想你就不会说'要准备好足够的库存'之类的话了。还有……"

---

❶ 在工厂、仓库和零售店等地作为库存长期未售出的物品。

❷ Return On Assets，ROA。是指税后净利润与总资产的比率，衡量资产是否被有效利用的指标。

"嗯?"

"我认为还是不要轻易说出'太没用了'之类的话。"

说罢,小林女士就去参加科长会议了。

确实,"太没用了"这样的表达很不好。难道是因为我经常这样说,所以才无法获得他人的帮助吗?

资产回报率是什么?

损益表	资产负债表
税后净利润 10	总资产200

资产回报率 =10/200 = 5%

损益表	资产负债表
税后净利润 10	总资产200 库存 + 50

资产回报率 = 10/250 = 4%

资产回报率是税后净利润与总资产的比率,库存(总资产)增加会导致资产回报率恶化。

我看着"人力资本资产负债表"叹了口气，这个"他人资本"部分也包括物流部门等其他部门的同事吧。如果我评价他们太没用了，那我就不能获得他们的帮助了吧。

我开始自我反省。这种时候，如果是小林女士的话，或许可以得到其他部门同事的帮助，顺利地渡过难关。

而且，小林女士还说了让我百思不得其解的一些话。更加动态地想象公司内部的资金流动，这是什么意思呢？

没时间多想了，必须告诉青山物产还有两周才能交货，我心情沉重地拿起电话。

➡ 想象资金的"变装"之旅

下班后，我买了和昨天一样的提拉米苏，又在家附近的咖啡店买了一杯意式浓缩咖啡一起带回家。

"哇！提拉米苏和意式浓缩咖啡！这是最完美的组合。"卢卡·帕乔利微笑着迎接我。我把纸袋放在桌子上，打开盒子。等我回过神来，卢卡·帕乔利已经吃了起来。

"啊，吃到这么美味的食物才是我存在的意义啊！提拉米苏的香甜和意式浓缩咖啡的苦涩混合在一起简直太棒了！"

卢卡·帕乔利一脸幸福地喝着意式浓缩咖啡。

"太好吃了，这才是人生的乐趣所在。谢谢。"

"您能吃得那么香，我也很高兴。"

老实说，看到卢卡·帕乔利这么开心，我也感到很开心。

"那么，今天我们就来谈谈资金的流动吧，想象资金流动是很重要的。"

"想象资金流动！我想了解这个！"

这正是今天小林女士对我讲的话。是巧合吗？我一直很好奇，卢卡·帕乔利和小林女士心有灵犀吗？

"筹集的资金有成本，因此有责任赚到超过资金成本的钱。这个没问题吧？"

"嗯，这个我能理解。"

"那些筹集来的资金在业务活动中会变成各种各样的

东西。重要的是尽可能真实地想象资金的'变装'之旅。"

"资金的'变装'之旅?"

"是的。资金会变成原材料、商品、备品或者建筑物。"

资金的"变装"之旅①

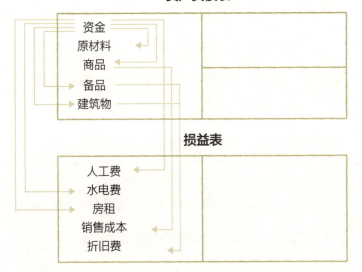

资产负债表

资金
原材料
商品
备品
建筑物

损益表

人工费
水电费
房租
销售成本
折旧费

资金改变其本来面貌，被灵活使用
并产生新的价值。

我想象着资金的这个变化过程。

"公司所从事的各项业务活动几乎都是要花钱的。也就是说，筹集来的资金会被投放到各处，改变其本来的面貌，被灵活使用并产生新的价值。"

原材料、商品、备品、建筑物等，都是资金的产物。说起来确实如此，只是目前为止我还没有从这样的角度去理解过。

资金变成商品后，销售额中的销售成本❶也要计入损益表。除此之外，"资金变成建筑物后，根据折旧❷程序确定固定资产折旧费，并将其计入损益表。就这样，资金在改变其本来面貌的同时，也在创造新的价值。"

卢卡·帕乔利一边画图一边说明。

"资金'变装'的过程中，有的会在成为商品、建筑物等资产后产生费用，也就是刚才谈到的销售成本和折旧

---

❶ 采购及制造商品所花的费用。

❷ 将取得长期使用的固定资产按照确定的方法对应计折旧额在该资产能够使用的期间内进行费用分配的程序。

费。也有的会立刻变成费用，如人工费、水电费及房租等。最终，商品或服务销售出去后，又会以资金的形式返回，这是一段壮丽的旅程。"

"原来如此。这样看来资金的流动是一个动态过程。"

"是的，想象资金的流动非常重要。"

商品和建筑物也是资金的产物吗？

资产负债表

商品	
建筑物	

损益表

销售成本	
折旧费	

资金变成商品售出后，将销售成本计入损益表；
资金变成建筑物后，将建筑物的折旧费计入损益表。

　　带着这样的思维看会计数值，有一种和以前截然不同的感受。我似乎稍微明白了一些卢卡·帕乔利所说的会计的深奥之处。

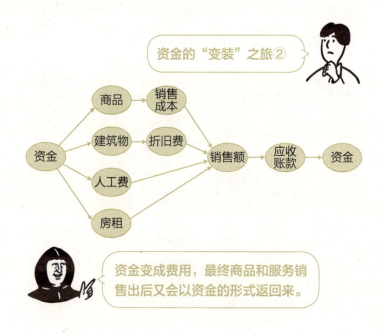

资金的"变装"之旅②

资金变成费用，最终商品和服务销售出后又会以资金的形式返回来。

➡ 尽快回笼资金

　　"说到资金的流动，我今天工作的时候说'要准备好足够的库存'，结果被上司小林女士说我应该学会想象资金的流动。"

"你认为那是什么意思呢？"

"我也不是很明白。她还说不应该有过剩的库存。"

"这是因为资金的形态变成了库存。也就是说，有大量库存意味着资金还以库存的形式留在那里。"

"以库存的形式留在那里……"

我想象着资金留在仓库里的样子。

"资金呢，会转化为各种各样的东西，但最好不要让它停留在原地，早点以现金的形式流转回来比较好。"

"早点回来比较好？"

"假设你投资了100万日元，你是希望明天回来110万日元呢，还是一年后回来110万日元呢？"

"明天回来。"

我毫不犹豫地回答。希望资金更早回来，这是一定的。

"对吧，当然是希望资金更早回来。同样是投入100万日元，明天回来110万日元和一年后回来110万日元，

前者的价值更高。早点收回资金的话，就可以将这笔资金
继续用于投资，使其继续增值。相反，只要这笔资金不以
现金的形式流转回来，那就是被固定住了，也就是处于死
钱的状态。"

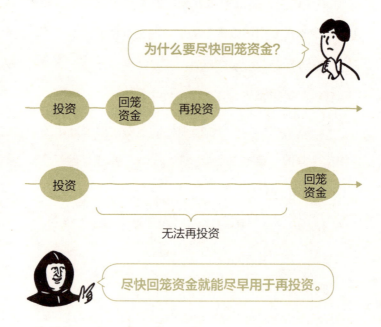

"我明白了。为了把资金用于下一笔投资，还是尽早
收回来比较好。"

"没错。衡量商品从进货到售出的速度的指标叫作商品周转率①，它等于销售额除以平均库存额。商品周转越快，资金流转回来的速度就越快，相应地，资金也就越多。"

这么说来，我觉得我在分析财务报表时学到了商品周转率。我之前不知道为什么要加快商品周转速度，原来是这样啊。

什么是商品周转率？

$$商品周转率 = \frac{销售额1200}{平均库存额200} = 6次$$

商品周转率是衡量商品从进货到售出的速度的指标。商品周转率越高，资金回笼的速度就越快。

---

① 商品周转率表示一定期间内商品卖出了多少的指标，一般用销售额（或销售成本）除以平均库存额的计算公式求出。也叫"库存周转率"。

"在一定条件下，商品周转率高一点比较好。与同行业其他公司相比，商品周转率高的公司更能有效地利用资金。虽然叫作商品周转率，但你把它想成周转次数可能更好理解一些。"

"意思是周转次数越多，就能越快收回资金吗？"

"是的。商品周转率的倒数是商品周转期，是用平均库存额除以销售额来计算的。商品周转期一般用天数或月数来表示，表示了商品从进货到售出所需的时间。"

"嗯，这个我能理解。"

"商品周转率越高或者商品周转期越短，从资金变成库存，再到库存卖出去变成资金返回的速度也就越快。库存过多的话，便很难回笼资金，甚至有可能成为不良库存，所以要尽量减少库存。"

"确实，认为要准备足够的库存，这是无视商品周转率和商品周转期的思维方式。"

"但是如果库存太少的话，下次顾客想要购买的时候因为没有库存而无法销售，也会造成机会损失。所以库存

管理并不是那么简单的事，需要对商品的销售情况作出比
较准确的预测。"

什么是商品周转期?

$$商品周转期 = \frac{平均库存额200}{销售额1200} = 1/6年 = 2个月$$

商品周转期是衡量商品从进货到售出所
需时间的指标。商品周转期越短，资金
回笼的速度就越快。

➡ 四成破产公司是"黑字破产"

"应收账款[1]也是一样，也要尽快转换成现金。如果

---

[1] 指企业因赊销商品、提供劳务等经营活动应收取但未收到的款项。
持有票据的情况下称为"应收票据"，反之则称为"应收账款"。

一直滞纳不收回款项的话，坏账❶的风险就会增加。因此，用销售额除以应收账款得出的应收账款周转率，在一定条件下也是越高越好。"

我想到了拖欠应收账款的客户。虽然我听说了对方公司业绩恶化，但为了完成销售目标，我还是将商品卖给了对方，结果没能收回货款。

即使销售额增加，如果最后没有收回应收财款的话也就没有任何意义。而且资金回笼的周期越长，坏账的风险也就越高。

"应收账款周转率恶化的话，'黑字破产❷'的风险也会提高。你知道'黑字破产'吗？"

"黑字破产"？黑字表示赢利，为什么还会破产呢？

"它是指在损益表上是赢利的，却因为资金周转不灵，无法偿还债务而导致的破产。'黑字破产'并不罕

---

❶ 指应收账款或贷款等应收款因债务人破产等原因确定无法收回而造成损失。

❷ 指虽然销售额在上升，但公司账面上没有现金，无法偿还债务而导致破产。

见。据统计，四成破产公司是'黑字破产'。"

"什么？有这么多吗？"

我感到很吃惊。竟然有接近一半的公司是在赢利的状况下破产的。

"为什么会出现这种情况呢？我一直以为公司持续亏损才会导致破产。"

"不管公司亏损多少，只要现金流良好就不会破产。破产发生在资金周转不灵无法偿还债务的时候。"

"原来是这样。不过既然公司处于赢利状态为什么又会出现资金周转不灵的情况呢？"

"其中一个原因就是应收账款的滞纳。销售额上升的话，在损益表上显示是正的，也是赢利的。但是，如果销售额上升却未及时收回现金，手头的现金流就会枯竭，最终因为无法偿还债务而导致公司破产。"

不能及时收回应收账款竟会导致公司破产。我本来以为只要完成销售业绩就可以了，现在看来也必须好好考虑能否及时收到货款。

为什么公司会"黑字破产"？

资产负债表

应收账款 + 100

现金并未增加

利润剩余金 + 100

损益表

销售额 + 100

盈利 + 100

不能收回（变现）应收账款，资金周转不灵，无法偿还债务导致公司破产。

➡ **收款要早，付款要晚**

"不管是库存还是应收账款，都要尽快回笼资金。相反，付款还是尽量晚一点比较好。收款早、付款晚的话，现金流就会很充裕。"

"这样啊。收款早，付款晚，就会有充裕的现金流。"

"如果现金流充裕的话，还可以用这笔资金继续进行投资。也就是说，尽早收款，推迟付款，这和重新筹集一笔资金有相同的效果。"

"和重新筹集资金有相同的效果？"

"你想，收款晚了手里就没资金，收款早手里就有资金，这就跟新筹集了一笔资金一样。如果将其用于投资，就可以用这笔资金赚到更多的钱。"

只要加快资金回笼速度，就会有和重新筹集资金有相同的效果。原来提高应收账款周转率就是这么回事啊。

"日本企业在这方面（收付款时间）还比较宽松，但是外资企业就很严格了。现金流充裕的话就可以进行大额投资，一些外资企业在收款截止日期前几周就会收回货款，这正是其厉害之处，所以它们才可以大胆地进行投资。"

这么一说，我想到以前销售商品给外资企业的时候，对方提出一个相当长的付款周期，这就是它们强大的原因吗？

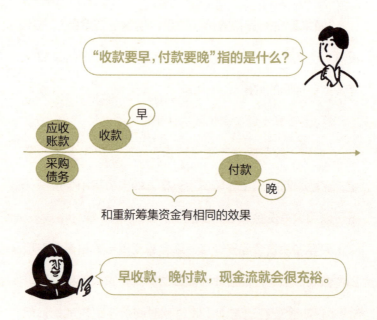

"收款要早，付款要晚"指的是什么？

和重新筹集资金有相同的效果

早收款，晚付款，现金流就会很充裕。

"不过现实中如果太过拖延付款，企业就会失去信用，还是早点付款比较好。刚才讲的那些只是希望你记住，尽早收款，推迟付款，这和重新筹集资金有相同的效果。"

"好的，我明白了。"

"像这样考虑商品周转率和商品周转期，也就是在会计数值中加入时间轴。这个时间轴的概念非常重要，因为在商业上，时间就是最宝贵的资源之一。"

时间是最宝贵的资源？仔细想想的确如此。

"即便是同样的经营决策，做决策的时机不同，结果也会截然不同。而且，执行经营决策需要资金。换句话说，尽可能快地周转资金也是为了不错过做经营决策的时机。"

"错过做经营决策的最佳时机是很致命的吧。"

"经营决策一定需要资金支持。经营战略和财务战略是相辅相成的关系。就拿从事销售工作的你来说，你尽早收回应收账款，提高商品周转率，对公司的经营决策也会有好处。"

是这样啊。我本来以为只要达到销售目标就可以了，现在看来自己的视野是多么狭隘。

➡ 把握人生的时间轴

"这种时间轴的思维方式也适用于人生。比如昨天我们不是谈过关于自我投资的话题吗。是花10万日元学一门手艺，学会之后立刻付诸实践增加自己的收入，还是想着什么时候派上用场都无所谓，将学到的手艺闲置，三年后再利用它来增加收入，你认为哪种比较好？"

"当然是前者。"

"是吧。前面我们已经讲了很多关于灵活使用金钱的重要性的话题，以及有必要在其中加入时间轴的概念。不要想着什么时候做出成果都行，什么时候赚到钱都行，要意识到商品周转率，及时去创造价值，让钱增值。成功人士对待时间的方式是与众不同的。你要知道，时间是人生中最宝贵的财富。"

"时间是人生中最宝贵的财富……"

我此前从未想过时间是人生中最宝贵的财富，我总觉得自己还有很多很多的时间。但我现在觉得，像小林女士这样的成功人士，对时间的感知也许和我不同。

"是的。时间无法用金钱来衡量，但世上很多人会花钱买时间。也就是说，有的人会把自己的时间拿出来售卖。你不要这样做，而是要提高自己时间的利用率，时刻意识到自己的时间能创造多少价值，能赚到多少钱。"

"我还没有想过这个问题。"

"现在开始想也不晚。生命毕竟有限，从今天开始好好把握人生的时间轴吧。"

生命有限……身在其中总是不自觉地忘记生命是有限的，但不得不承认生命有尽头。

"如果金钱一直以某种形式停留在某处，这就意味着这笔钱没有被灵活利用。我们要学会好好利用金钱，善用金钱会使其发挥最大的作用。"

"好的，我也想学会善用金钱。"

"善用金钱，既能让人获得幸福，也能解决生活中的问题，还能使钱增值，创造更多的财富。无论是在工作中还是在生活中，你都要想象资金的流动，灵活利用金钱，充分发挥它的价值，为自己的人生带来更多的财富和幸福。并且要尽可能地加快这种循环，有效利用时间和金钱。如果能在工作和生活中时刻保持这种意识，自己和身边的人都会变得更加幸福。"

"这也是会计力吧。"

"没错。真正灵活运用会计思维的人，会在人生中时刻保持时间轴的意识，清楚地认识到自己要以何种速度创造成果并将其转化为金钱。"

也许是这样吧。不过，如果总是这么在意速度的话，恐怕会让人喘不过气来。我不想那么忙忙碌碌的。

"我赞同关注时间轴很重要，但总是那么忙忙碌碌的话，不会很累吗？"

"不是这样的。与其说忙忙碌碌，倒不如说意识到时间轴，意识到取得成果的速度，人才能有余裕、轻松地生活。越是没有时间轴意识的人，往往越是忙得不可开交。"

的确，小林女士工作效率很高，但没有给人忙乱的感觉，反而让人感觉她总是能够从容应对各种事务，我也想像她那样。

➡ 给想要创造的价值标记日期

"说到昨天建立的'人力资本资产负债表',关于表左侧的'想创造什么样的价值'你有思考过吗?"

"不好意思,最近工作有点忙,我还没来得及想这个问题。"

"这就是你欠缺时间轴意识的地方。越是重要但不那么紧急的事情,越要有意识地优先处理。"

是啊。好不容易得到了卢卡·帕乔利的指导,发誓说要好好实践,自己却这样拖延,我真是感到很不好意思。

"别那样垂头丧气的,现在责备自己也无济于事,放轻松一点吧。"

"嗯,好。"

卢卡·帕乔利为什么会这么轻松呢?是因为有时间轴的意识吗?

"那么,你想创造什么样的价值,把你现在想到的东西写下来吧,想法不成熟也没关系。"

"好的。"

话虽如此，我却完全想不到要写什么。我究竟想创造什么样的价值呢？在这一生中我想做些什么呢？

看到我拿起笔的手停住了，卢卡·帕乔利说：

"首先从昨天写的右下角的自有资本部分，也就是你的知识和经验部分开始思考吧。"

"好的。我的知识和经验包括大学学的会计知识和现在跟着您学的会计力，以及在公司做了四年的销售支持系统的销售工作经验。"

"那是很棒的知识和经验。那你在工作中什么时候会感到快乐呢？"

在工作中感到快乐？我没有想过这个问题。

"这个嘛……从客户那里接到订单的时候、客户对我的提案表示满意的时候以及被感谢的时候都会让我感到快乐。只是……"

"只是什么？"

"只是我有时也会怀疑我们的系统是否真的有用。"

这是实话。这么说自己销售的产品或许有些不妥，但实际使用之后，我觉得我们的系统虽然有便利的地方，但并没有那么出色。把自己觉得不那么好的系统推销给客户，我总觉得有点别扭。

➡ 抛开束缚，思考真正想做的事

"原来如此，其实你是想为客户提供更大的帮助。"

"是啊。不过这在现在的公司很难做到。"

"你确定？在现在的公司也还有很多可以做的事情不是吗？"

在现在的公司还有很多可以做的事情，真的吗？

不过说起来也许的确如此。是我在给自己设限，轻易放弃了许多机会。

"你要试着抛开束缚，思考自己真正想做的事。这件事是公司内的事还是公司外的事都可以，和现在的你能不能做到也没有关系，因为你可以借助他人资本，即他人的力量。在他人的帮助下，没有什么做不到的事。"

"在他人的帮助下，没有什么做不到的事。没错，是这样的。"

"听着，你的可能性是无限的。虽然我们经常说'无限可能'，但这并不意味着你无所不能。每个人都有能够做到的事和不能做到的事。但如果我们能借助他人的力量，就会拥有无限的可能。怎么样？如果你能借助他人的力量做任何事，你想做什么？"

我想到了昨天被我写在"他人资本"一栏里的那些人。

"我想运用您教给我的会计力，制订出更能给客户带来幸福的方案。怎么说呢，我想做一些更耀眼的事情。"

"很好。那么就把它写在'人力资本资产负债表'的左侧部分吧。然后写上从哪里开始做起，并标上日期，这就是时间轴意识。"

"明白。但是我完全不知道要从哪里开始做起。"

"从小事开始做起就可以了。比如查询不知道的事情，或者询问他人，这些小事都可以。重要的是有时间轴意识，给真正想做的事标记日期。"

"这样啊，这样的话我应该可以做到。"

松井的"人力资本资产负债表"

资产	他人资本
灵活运用会计力制订出更能给客户带来幸福的方案	小林女士　冈田 工藤　石川 前田　涩谷 父母
帮助他人	
询问小林女士对销售工作有何感想（10/15）	**自有资本**
试着向冈田和工藤传达自己的想法（10/17）	会计知识 销售经验 会计力知识
试着向下属石川传授会计力（10/18）	

给真正想做的事标记日期，保持时间轴意识。

我在资产部分写上了：询问小林女士对销售工作有何感想、试着向冈田和工藤传达自己的想法、试着向下属石川传授会计力，并分别标明了日期。

"这不是写得挺好的吗！接下来要做的就是把写下来的内容付诸实践了。你在实践的过程中会慢慢发现该做什么，发现之后再将要做的事情和其日期一起写入'人力资本，资产负债表'就可以了。"

"我知道了。"

我有一种要借助很多人的力量来创造未来的感觉，莫名有些感动，这种感觉还是第一次有。

"学会感恩也很重要。不要忘记那些被你写在'他人资本'栏的名字。要时刻记住，你是依靠了很多人的力量才能活着的。"

"嗯，我一定会记得的。"

想到自己今天还在说物流部门的同事没用，我顿时心生愧疚。

"怎么了？"

"其实，今天我为库存不足的事很生气，说了其他部门的同事没用。当然，我没有当面这样说，但还是被小林女士指出来了。"

"这个当然要指出来。在利用杠杆、借助他人力量的时候，如果把他人当成工具或手段，那是绝对不行的。"

卢卡·帕乔利说得没错，我这是在把其他部门的同事当工具和手段。

"没有物流部门同事的协助，你的工作也无法顺利开展。不要忘了对他们表示感谢。只要心怀感激，就不会产生'对方没用'之类的想法。"

"是的，我同意您的说法。"

我在深刻反省后说道。

"又摆出那样严肃的表情。放轻松一点，你还年轻，从现在开始成长吧。"

"但是我一想到时间轴就不自觉地焦虑起来。"

"这话听起来或许有些矛盾，但人生并不是一味地加快速度就可以了，也要学会放松地享受闲暇时光。有一句谚语是这么说的'有福不用忙'。"

嗯？意大利也有这句谚语吗？

"重要的是'尽人事听天命'。能够做到的事就有意识地按照时间轴去做，不能做到的事就不要慌张，耐心等待就好。个人成长尤其需要时间，无论是自己的成长还是他人的成长，都不要着急，要心怀感激，静候成长，这一点非常重要。"

卢卡·帕乔利语重心长地说。

"现在我要说点好事，那就是明天也不要忘记带提拉米苏哦。"

"明天也要吗？"

"当然。如此美味的提拉米苏，每天吃也不会腻。那今天就到这里吧。"

话音刚落，卢卡·帕乔利就去卫生间刷牙，然后立马躺到床上打起了呼噜。他的睡眠可真好啊。

我把从卢卡·帕乔利那里学到的东西记在笔记本上，然后在沙发上裹着毛毯入睡了。

▶ 第4章　要点

从资金的角度来看，企业的各项业务活动可以说是资金的"变装"之旅。

筹集来的资金，有的会在变成备品、建筑物等固定资产后产生折旧费，也有的会立刻变成人工费、水电费及房租等费用，这些又会进一步成为商品或服务。最终商品或服务销售出去后又会以资金的形式返回来。

通过对资金的流动进行动态的想象，有意识地加快资金周转，才能更有效地利用资金。

在工作中，要意识到收款早、付款晚能够改善现金流。改善现金流和重新筹集资金有相同的效果。这是日本企业的弱点，但一些外资企业却彻底贯彻了这一点。这就是为什么它们可以进行积极大胆的投资。

当然，现实中如果付款太迟，企业会失去信

用，所以有意识地提前收回投资的钱是很重要的（否则会没有足够的资金付款）。

前面的章节中已经讲过，筹集来的资金有成本，因此有责任赚到超过资本成本的钱。在会计力的这种思维方式中加入时间轴的概念，就能灵活使用资金，也能让人生更幸福。

此外，在第3章中提到的"人力资本资产负债表"的资产部分，写上自己想做什么，想创造什么样的价值以及为了实现目标具体要做些什么。卢卡·帕乔利还建议在每件事情上面标记日期。

正如卢卡·帕乔利所言，重要但不紧急的事情往往会被推迟做，如果在这些事情上面标上日期，就能引入时间轴意识，避免拖延。

另外，要摆脱焦虑，耐心守候个人成长。尤其是不要忘记感谢帮助自己的人。心怀感激，静候成长，也是会计力的一部分。

第4章 总结

◎ **想象资金流动**

- 资金会变成资产和费用

    商品和服务售出后以资金的形式返回

- 加快资金周转

- 早收款，晚付款

    →和重新筹集资金有相同的效果

◎ **人生中也要有时间轴意识**

- 给想要创造的价值标记日期

- 从小事开始

- 借助他人之力，拥有无限可能

- 感恩

- 不骄不躁，耐心守候

第**5**章

把握损益结构
创造价值

➡ 可以降价的产品，不能降价的产品

认识卢卡·帕乔利已经两周了，我的人生也在一点点地发生改变。我不再把钱花在没用的事情上，而是花在自己真正喜欢的事情上，因此我在生活中的幸福感增加了，也能够抱着时间轴的意识有效利用金钱了。此外，我还开始了每月1万日元的定投，并加入了iDeCo（日本个人养老计划）。

这个月我计划比平时多还一点信用卡分期。15%的年利率实在太高，所以我想先把信用卡还完。接下来我想为了存钱好好学习，投资房产以及我看好的公司股票，做到灵活使用金钱。我想通过这样让钱增值。再接着，我打算按照自己标记的日期，一点一点地实践想做的事情。

当我询问小林女士对销售工作有何感想时，她邀请我共进午餐，我得以和她聊了一个小时。虽然共事了四年，

但这是我第一次这么认真地倾听小林女士的想法。原来倾听他人的想法是这么快乐的事。

对于同事冈田和工藤，我也试着在喝酒的时候将我的一些想法告诉他们。一开始还被当作笑话，但见我态度认真，两个人也就都很认真地听我讲话。

还有部下石川，我把从卢卡·帕乔利那里学到的会计力教给了他。石川本来就很认真，教他并不困难。这让我深刻体会到了教授他人、见证他人成长的意义所在。也许我就是喜欢教别人吧。

还有一件事让我颇感意外。之前说还有两周才能到货的要交付给青山物产的服务器5号就到货了，赶上了我们提出的交货期。我内心非常感谢物流部门的同事。莫非这是小林女士在暗中帮忙？

和以前相比，现在我的工作明显变得更愉快。卢卡·帕乔利说得没错，我能为公司做的事还有很多。上个月，我的销售业绩平平，这个月一定会有明显提高的。

我正在为销售工作做准备的时候，小林女士跟我打招呼：

"松井，你最近很努力啊。"

"是的！被您一说，我有了会计力的意识，现在感觉工作和生活都更快乐了！"

"这是好事啊。这个月说不定能冲到第一。"

"借您吉言，我一定会努力的！"

这个月还有5天。之前每个月的月度销售冠军都被宫田收入囊中，这次我却前所未有地接近他的数字，我第一次感觉月度销售冠军不再是梦。因此，今天的销售任务格外重要。我干劲十足地前去拜访老客户丰山商社。

"松井先生，就我们公司的情况来看，我认为客户搜索功能完善的'索菲亚'更适合我们。"

原来是想要"索菲亚"啊，"索菲亚"是我们最近才开始投入使用的销售支持系统，是从其他公司购买的定制系统。

说实话，丰山商社的选择有点出乎意料。我本以为丰山商社会选择我们公司自主研发的，也是最畅销的"水星"。不过仔细一想，"索菲亚"独有的客户搜索功能，确实和丰山商社的业务更匹配。

"好的，我也觉得'索菲亚'很适合贵公司。"

我打开演示资料，围绕"索菲亚"独有的功能做了介绍。

"松井先生，是这样的，我们也很想跟贵公司合作，但目前的价格太高了，很难获得上级领导的批准。"

对方果然这么说。最近一段时间和丰山商社的往来中，我结合对方公司的各项会计数值，为其提高收益率、改善收益效果做出了合理提案，也由此加深了和对方的信赖关系。如果我现在果断提出降价的话，这笔业务一定能谈成。

我继续问对方：

"价格具体要降低多少，贵公司才能接受呢？"

"这个嘛，如果价格能降低25%的话，我就去和董事会商量一下。"

我双臂交叉，陷入了沉思。前几天，"水星"以降价30%的价格卖给了其他公司。这次丰山商社要买的是"索菲亚"，降价25%应该没问题。虽然眼前的合同金额减少了，但如果能因此一举拿下丰山商社的话，从长远来看即使降价也要争取签下这份合同。

"明白了。我一定会努力说服上级的。"

"真的吗？太感谢了，那就拜托了。"

"请您放心，我想我们一定能满足您的要求。"

这下一定没问题了。拿下这份合同的话，本月的销售冠军一定是我。我这么想着，心情愉悦地迈着轻快的步伐回到公司。

"小林女士，丰山商社那边应该没问题了。"

"真的？你是说那家丰山商社？"

"是的。只是对方希望'索菲亚'能降价25%。我觉得即使降价25%也有必要拿下这份合同，不知您意下如何？"

我这么一说，小林女士的脸色阴沉了下来。

"你提议'索菲亚'降价25%？"

"嗯，前几天'水星'也降价了30%，这次应该也没关系吧？"

"不，不行。"

　　我怀疑自己听错了。现在的局面不是应该尽量争取客户吗？

　　"为什么？为什么'水星'可以降价但'索菲亚'不行？二者的利润率都差不多。"

　　"即使利润率相同，边际利润率也不一样。前几天引进'索菲亚'的培训会上我也说了基本不能降价吧。你没听见吗？"

　　引进"索菲亚"的培训会？我想起来了，培训的前一天我喝酒喝到很晚，培训中途不小心睡着了。天哪，我竟然错过了这么重要的内容。

　　"不好意思，我听漏了。"

　　"你是在睡觉吧，该认真听的时候要打起精神认真听啊。"

　　"'索菲亚'降价25%的话，搞不好边际利润会变成负数，越卖越亏。"

　　"什么？越卖越亏？这是怎么回事呢？"

　　我彻底乱了阵脚。好不容易和丰山商社建立了信任关系，现在说不能降价，我到底要怎么跟对方讲呢？

"我已经跟丰山商社说了可以降价，这下该如何是好？"

看我面露难色，小林女士轻轻地拍了拍我的肩膀：

"我们现在马上去丰山商社吧，告诉他们不能降价25%。不要担心，我会亲自跟他们道歉的。"

"真的要去吗？"

"这种事越早越好。至于为什么不能降价，之后我再跟你说明。别磨蹭了，快走。"

说完，小林女士拿起包就出门了。

小林女士好棒啊！虽然有时候她有些严厉，但却是一个可靠的人。我也要像小林女士那样，成为能弥补下属工作失误的上司。

➡ 在降价前理解"边际利润"

由于小林女士诚恳的道歉，我们和丰山商社的良好关系得以维持。我这次真的得救了，眼看差一点就要酿成大错。

"小林女士，真的非常感谢，您帮了我一个大忙。"

回到办公室，我再次向小林女士鞠了一躬。

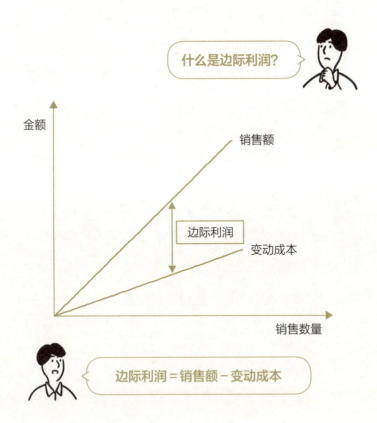

什么是边际利润？

金额

销售额

边际利润

变动成本

销售数量

边际利润＝销售额－变动成本

"不用太在意。你能向客户积极提议是好事。不过好不容易学了会计力，还是要进一步理解单个产品的损益结构和边际利润啊。"

边际利润……这好像也在大学学过，到底指什么呢？实在是想不起来了，我只好求教于小林女士。

"请问，边际利润是什么意思呢？"

"呀，刚才还说自己有会计力的意识，连边际利润都不知道吗？"

"嗯，实在抱歉。"

小林女士把旁边的白板拉过来，一边画表一边开始讲解。

"边际利润就是销售额减去变动成本❶。变动成本是指材料费等与销售额成比例的费用。销售额和变动成本都与销量成正比，所以边际利润也与销量成正比。这个能理解吧？"

---

❶ 是指支付给各种变动生产要素的费用。

"嗯，没问题。"

"那我们来看一下'水星'的损益结构，因为'水星'是我们公司自主研发的产品，所以对其投入的经费中的研发费，也就是固定成本占比很大，变动成本占比则很小。也就是说，'水星'的边际利润很大。"

"嗯。"

"所以，'水星'即使降价也能充分确保边际利润。只要能确保边际利润，虽然利润率会下降，但通过提升销量就能增加利润。说得极端一点，'水星'即使降价80%也能确保边际利润。所以只要销量增加，利润就能增加。当然，那样的话盈亏平衡点❶就会一下子上升，所以不会降价到那种程度。"

---

❶ 通常是指全部销售收入等于全部成本时（销售收入线与总成本线的交点）的销量。以盈亏平衡点的界限，当销售收入高于盈亏平衡点时企业赢利，反之，企业就亏损。盈亏平衡点可以用销售量来表示，即盈亏平衡点的销售量；也可以用销售额来表示，即盈亏平衡点的销售额。

"水星"的损益结构

销售额	变动成本	
	边际利润	固定成本
		利润

固定成本占比大，变动成本占比小，故边际利润大。

"水星"即使降价也能充分确保边际利润。

"不好意思，降价80%也能获利，我不太明白这一点。"

为什么"索菲亚"降价25%就会亏损，而"水星"降价80%也没关系呢？二者的利润率明明都差不多。

"那我们还是用简单易懂的数字来说明吧，虽然它并不等于实际金额。假设'水星'的售价为1000日元，变动成本为100日元，固定成本为9000日元，一个'水星'的边际利润就是900日元。这样的话，只要售出10个以上的'水星'，就能收回固定成本并盈利。"

小林女士指着白板说：

"假设'水星'降价80%，以200日元的价格出售。即便如此，因为变动成本是100日元，所以也能确保100日元的边际利润。虽然利润率会大幅下降，但如果一个水星有100日元的边际利润，那么只要售出90个以上，就能收回固定成本9000日元，产生利润。所以说得极端一点，如果降价80%，销售额有望增加9倍以上的话，可以做出降价80%的经营决策。实际上，降价会有损品牌形象，也会对现有顾客造成影响，所以做决策的时候必须将这些因素也考虑在内。"

"确实，因为变动成本小，所以即使降价80%也能确保边际利润。"

"但是，'索菲亚'是我们从其他公司购买的定制系统。所以专利使用费，也就是变动成本占比很大。因此为什么"水星"可以降价？

假设售价为1000日元

售价1000（日元）

变动成本100（日元）

边际利润900（日元）

固定成本9000（日元）

边际利润为900日元，销售10个以上
就能收回固定成本，产生利润。

假设降价80%，售价为200日元

售价200（日元）

变动成本100（日元）

边际利润100（日元）

固定成本9000（日元）

边际利润为100日元，销售90个以上
就能收回固定成本，产生利润。

 "水星"变动成本占比小，即使
降价80%也能确保边际利润。

'索菲亚'的边际利润很小。如果降价的话，对边际利润的影响很大。如果降价25%，边际利润几乎为零。我们绝对不能卖边际利润为零或者为负的产品，明白吗?"

"索菲亚"的损益结构

固定成本占比小，变动成本占比大，故边际利润小。

"索菲亚"降价对边际利润的影响大。

"明白。这样的话无论售出多少个都无法收回固定成本吧。"

"正是如此。还是用简单易懂的数字来说明吧。假设

'索菲亚'的售价为1000日元，变动成本为800日元，固定成本为2000日元，1个'索菲亚'的边际利润就是200日元。和刚才所举的'水星'的例子一样，售出10个以上就能赢利。"

"嗯。"

"但是如果'索菲亚'降价20%以800日元出售的话，边际利润则为零。边际利润为零的产品无论售出多少个，利润都是零，这样就永远无法收回固定成本，最终会出现赤字。如果降价25%以750日元出售，则会越卖越亏。"

"原来如此。不好意思，是我太草率了。"

我再次深深鞠了一躬。

"倒也不必这么沮丧。话说回来，下次培训的时候可不能睡觉哦。"

"好的。真的非常感谢您。"

这次多亏了小林女士才没事，不过这让我深刻体会到了会计知识的重要性。想到这里，我对自己与卢卡·帕乔利的相遇，以及卢卡·帕乔利教给我会计的智慧，都充满了感激。

为什么"索菲亚"不能降价？

假设售价为1000日元

售价1000（日元）	变动成本800（日元）
	边际利润200（日元）

固定成本2000（日元）

边际利润为200日元，销售10个以上
就能收回固定成本，产生利润。

假设降价20%，售价为800日元

售价800（日元）	变动成本800（日元）
	边际利润0（日元）

固定成本2000（日元）

边际利润为零，无论售出多少利润都为零，
呈赤字状态。

"索菲亚"变动成本占比大，降价
25%则会越卖越亏。

➡ 为什么价值几十万日元的机票会免费？

工作结束后，我买了提拉米苏和意式浓缩咖啡回到家，卢卡·帕乔利正坐在桌子前看会计书。

"哦，你回来了啊。这本书写得很好，佩服啊！"

"是的，这是大学的必读书，也是我第一次花3000日元买书，只可惜几乎没读过。"

"这么好的书不好好读可不行。"

仔细一看，帕乔利把介绍自己的章节用红笔圈起来了，还在"现代会计之父"这个词语上做了记号。

"怎么样，会计力有用吗？"

"有用。不过我今天出现一个重大失误。"

"重大失误？你干了什么？"

就算隐瞒也会被卢卡·帕乔利看穿，还是实话实说吧。

"我因为没有理解边际利润这个概念，轻易提出了降价。"

我将今天发生的事原原本本地告诉了卢卡·帕乔利。

"原来如此。只考虑把产品销售出去却不考虑边际利润，这确实是你的问题。"

"确实是我的错。不过我的上司小林女士帮了我，第一时间带着我到客户那里去道歉，我真的很感谢她。"

"嗯，能得到上司的帮助，一定要诚恳地表达谢意啊。"

卢卡·帕乔利眼含泪水。我想他一定也是个重情重义的人吧。

"好吧，收拾一下心情。来吃提拉米苏，咖啡趁热喝，别客气。"

这是我买的……好吧。

"提拉米苏的香甜和意式浓缩咖啡的苦涩搭配在一起真是太完美了。"

他发出跟上次一样的感慨。

"很好吃，多谢款待。对了，刚才你提到边际利润，今天我正好要跟你讲损益结构，这下刚好。你现在已经理解边际利润了吗?"

"我想我大概理解了。今天我提出产品降价，但是这个产品的变动成本很大，边际利润很小。所以降价的话边际利润就会变成零。"

"降价到边际利润为零，这是绝对不能做的事情。尽管如此，小林女士依然毫不生气地帮你解决问题吗？多好的人啊！"

卢卡·帕乔利的眼睛又湿润了。

"我也这样认为。但我还是想为自己辩解一下，因为我想着前几天公司售出的一款自主研发的产品，降价30%售出也没关系……"

"这都是借口，都怪你没有了解损益结构。"

"是，我深刻反省，所幸没有铸成大错。不过我意识到了学好损益结构的重要性。"

"一旦了解了损益结构，就能更清楚地了解世界上销售的各种商品和服务，非常有趣。举个例子，坐飞机不是有里程吗，攒够里程就可以免费换机票。"

"是的。我有个朋友很喜欢攒里程，总是用里程换来的机票去旅行。"

"飞机就是典型的固定成本占大头，变动成本无非是飞机餐。也就是说机票的边际利润很大。因此，即使旅客用里程数免费换机票，航空公司也不会吃什么亏。而且这样还会提高旅客乘坐飞机的积极性，可以说对航空公司是有利的。"

原来如此，难怪价值几十万日元的机票会免费，原来是这个道理。

飞机的损益结构是什么？

机票钱	飞机餐等	
	边际利润	折旧费 燃料费 人工费 等
		利润

固定成本占比大，变动成本占比小，故边际利润大。

免费赠送机票对航空公司也没什么影响。

"其他还有，例如看3次电影就可以免费看一次；买新的游戏或动画软件上一代的游戏和动画可以免费下载；网上购买培训视频可免费赠送价值1万日元的培训视频和录音等。这些东西的制作虽然要花钱，但一旦完成，基本上就可以免费复制了，这和机票是同样的道理。"

"原来是这样。我之前听说价值10万日元的机票免费送，还在想真大方啊。"

"你呀，真是个老实人。不好好了解损益结构可是会上当受骗的。"

欠缺会计力可能会上当受骗，为了不被骗，我也要好好学习会计力啊。

"我还想请问，打折的时候或者在折扣店可以买到打五折或者七折的商品，有些商品的材料费和变动成本很大，这样边际利润就很小，降价这么多不会亏损吗？"

"啊，那种商品，很多时候一开始就预见到会打折或者在折扣店出售，所以会通过降低品质、降低变动成本来确保边际利润。"

原来是这样啊。我还以为打七折很划算，原来一开始就是以打折为前提生产的商品啊。

打折商品的损益结构是什么？

普通商品

| 售价100（日元） | 变动成本30（日元） |
| | 边际利润70（日元） |

打折商品

可以降价

| 售价30（日元） | 变动成本15（日元） |
| | 边际利润15（日元） |

预见到会打折或在折扣店销售，通过降低品质来降低变动成本，从而确保边际利润的情况比较多。

"打折的时候，我总是尽量买折扣率高的商品，因为觉得很划算。不过您这么一说，感觉买打折商品也没什么意义啊。"

　　"打折品的零售价（定价）是不可信的，不要被折扣率骗了。你必须好好看看商品的品质，自己掂量掂量这些商品的价值。"

　　没错。不要认为定价高的东西价值就高，我要自己好好判断。

　　"关于变动成本、固定成本以及边际利润的思维方式，在簿记三级中并没有学过。加之损益表中的费用一栏也没有区分变动成本和固定成本，所以很多人对此并不清楚。"

　　"看了损益表也不明白吗？"

　　"损益表是面向股东和债权人等进行外部报告的财务会计❶文件。边际利润是面向内部的管理会计❷的思维方式。也有的公司会制作变动损益表，但那是面向内部的，

---

❶ 是以向企业外部的利害关系人（投资人、债权人、政府有关部门等）提供会计信息为目的的会计。

❷ 是将会计信息用于经营管理者的决策和组织内部的业绩测定、业绩评价的会计。

外部人员很难了解。"

"那应该怎么办呢?"

"面向外部报告的财务会计和面向经营管理的管理会计二者的目的是不一样的。投资股票和观察公司盈利能力的时候,很难把握其边际利润,也没必要这样做。但是在自己做销售或者创业的时候,最好知道各个商品以及各项业务的边际利润。"

"确实是这样。"

想到今天的失败,我深深地点头,表示对卢卡·帕乔利这番话的认同。

➡ 增加销售利润的三种方法

边际利润减去固定成本就是销售利润。因此,要想增加销售利润,有三种方法:①提高商品的价格或降低变动成本以增加边际利润;②减少固定成本;③提升销量。

卢卡·帕乔利把增加边际利润、减少固定成本、提升销量写在笔记本上。

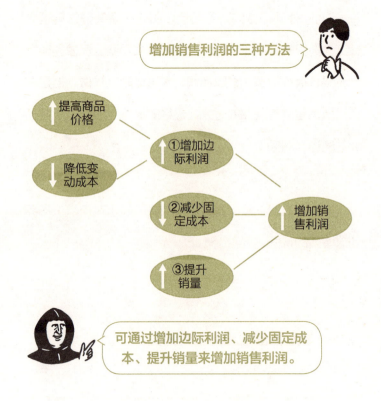

"确实，这样整理一下就更容易理解了。想要自主创业的人还是需要事先了解这些知识啊。"

"怎么？你也想自主创业吗？"

"啊，不，不是现在。现在我掌握了会计力，开始觉得公司的工作很有意思。但是，当我试着建立'人力资本资产负债表'，开始思考自己想创造什么样的价值的时候，我在想将来的某一天自己是否也能开创一番事业呢？"

"那是好事，总有一天你会有自己的事业。只是，尽管最近自主创业已经成为一种风潮，但你也不必急于加入其中。"

原以为卢卡·帕乔利会极力鼓励我创业，他慎重的回答倒让我有些意外。

"但是您不是说过要注意时间轴吗？"

"意识到时间轴并加快步伐，并不等于要急着去做某件事。毕竟创业不是那么简单的事，你做好充分准备之后再开始吧。"

是吗？一听到时间轴我就感到焦虑，焦虑和加快步伐不是一回事吗？

"我们公司去年开始允许员工搞副业。所以我也想做点什么副业，但具体做什么还没想出来。"

"做能让你的灵魂愉悦的工作就好了。"

"让我的灵魂愉悦的工作？"

"人生只有一次。多去做那些让灵魂愉悦、让生命发光、让人兴奋的工作吧。"

让人兴奋的工作？我不知道是什么。

"实际上，我也试着把您教给我的会计力知识传授给部下，这让我非常开心。所以，我觉得教授他人、帮助他人成长的工作不错，但具体做什么还不太清楚。"

"真正想做的工作不是那么容易找到的。正因如此，你才不要着急，多尝试。光靠脑子想是无法想到自己会对什么样的工作感到兴奋的，只有尝试之后才会知道。"

没错，不尝试就不知道。

"创业没必要着急，可以先从多做点副业开始。在这个节奏如此之快的时代，只做公司的工作反而有风险。与其这样，还不如多发展几项副业，拥有包括劳动收入和非劳动收入在内的多项收入来源。如果有多项收入来源的话，其中一项出了问题，也可以通过其他渠道来填补，这样总体收入也会比较稳定。"

"现在已经是这样的时代了啊。"

"当然，因为公司已经养不起员工了。经济团体联合会（简称"经团联"）❶的会长也明确表示，现在的时代已经无法维持终身雇佣制❷。以前提前退休的年龄是55岁，现在很多公司都将提前退休的年龄调整为45岁了。即使是公司职员，也不要想着依赖公司，掌握自己赚钱的能力才是最重要的。"

这一点我也深有感触。毫无疑问，现在已经不是可以依靠公司的时代了。

"您这么一说，我更加焦虑了。"

"刚才我也说了，不必焦虑。你独立之后就会明白，

---

❶ 经团联，日本经济三团体之一，主要任务为联络各经济团体，对内外财政、经济进行研究并提出建议等。被称为"财政界的总部"。——译者注

❷ 2019年5月，日本经济团体联合会会长中西宏明、丰田汽车社长丰田章男等经济界重量级人物相继在电视镜头前谈及终身雇佣制改革。

每个月都有稳定的工资入账，这是真正的福气。在自己的职位上赚到超出资本成本的钱为公司做出贡献，同时创造个人价值，增加收入。做好本职工作才是做好副业的先决条件，切忌本末倒置。因此，副业先从小范围开始就可以了。"

"您比我想象中更加谨慎。"

"趁势辞职创业也不错，我也喜欢这种不顾一切去挑战的精神。说到底，一个人在濒临死亡的时候不后悔自己的决定就好了。人啊，比起做了什么，更后悔没做什么。与其后悔没去做，还不如做了再后悔。"

我能过上濒临死亡的时候不后悔自己的决定的生活吗？卢卡·帕乔利到底是谨慎还是大胆？我被搞糊涂了。

"重要的是要认真生活。为此，一个人最好能拥有多项收入来源，这样也更有底气应对挑战。与其害怕身无分文而不敢去挑战，不如为自己创造即使失败也能养活自己的条件，这样才能毫无顾虑地去挑战。"

"是啊。我不知道您是谨慎还是大胆。但正如您所说，一个人拥有多项收入来源才能大胆地应对挑战。"

"没错。下面我们来看看刚才跟你讲的增加利润的三种方法吧。理解了这个之后，不仅是对公司的工作，对你自主创业也会有帮助。"

"好的，拜托您了！"

➡ 增加边际利润

"增加利润的第一种方法是增加边际利润。要想增加边际利润，需要降低变动成本或者提高商品的价格。"

我想起卢卡·帕乔利刚才讲的内容，点了点头。

"那你认为如何才能降低变动成本呢？"

"嗯……变动成本主要是材料费之类的吧，那样的话和供应商谈谈不就好了吗。"

"也可以。但无论是和供应商交涉还是寻找更便宜的供应商，如果硬要降低变动费用的话，可能会导致质量下降，所以要多加注意。"

"果然是便宜无好货啊。"

"能找到物美价廉的原材料固然很好，但一般情况下，价格和品质在一定程度上成正比。如果为了降价而降低品质，导致顾客流失，那就得不偿失了。"

说得没错，我不想为了低价销售而降低品质。

"另外，大企业也很容易这样做。因为其议价能力比较强，所以可以给供应商施加压力，不合理地压低原材料的采购价格。也许这样可以增加眼前的利益，但从长远来看，这并非良策。只有和包括供应商在内的合作伙伴共荣共存，生意才会长久。"

"嗯，我也这样认为。"

我常听到大企业对中小企业施加压力，以不正当的方式压低原材料的采购价格的说法，但我认为这样做不好。听到卢卡·帕乔利也和我持同样的意见，一下子安心许多。

"因此，要想增加边际利润，与其考虑降低变动成本，不如考虑提高商品的价格。那么，你认为怎样才能提高商品的价格呢?"

"提高商品的价格……嗯,那还是要提高商品的价值吧,虽然这并不容易。"

"是的。商品的价值高的话,即使价格贵顾客也会买。商品的价值低的话,就算价格便宜顾客也不会买。很简单。"

"嗯,是这样的。"

➡ 创造价值

"工作就是创造价值,这听起来可能是理所当然的事,但它却相当重要。"

帕乔利一脸认真地说。

"工作就是创造价值。说起来,您之前已经说了好多次创造价值了。"

"是啊。所谓工作,就是发挥公司和个人的强项,创造某种value[1]。"

为什么突然用英语？卢卡·帕乔利明明是意大利人。因为是很重要的事吗？卢卡·帕乔利的声音里充满了力量，应该是想强调一下吧。

卢卡·帕乔利继续说：

"那我问你，你认为这个'价值'是指什么？"

"嗯，就我们公司的情况来看，价值就是用我们的系统为客户解决销售相关的问题。"

"没错。解决某方面的问题，这是价值。另外，根据行业的不同也会有各种各样不同的价值。替别人做一些麻烦的事也很有价值。不过这样的事正不断地被人工智能所取代。除此之外，专业性也可以成为价值，便利性也可以成为价值。"

"嗯，是的。"

"其中，今后真正需要的价值，是满足人们更好生活

---

[1] 英语，意为"价值"。——译者注

的需求。在如此丰富的物质和服务中，人们真正追求的是生活方式，想活得更好，想活得更幸福，想活得健康美丽，想活得更满足。"

衣食住行的基本需求被满足之后，人们追求的就是这些吧。我的公司和我能够为他人提供这样的价值吗？

"像这样为他人提供让人生活更幸福的价值，我觉得很棒。我现在从事的是系统销售工作，至于它能给人带来多大的幸福，我实在是没有自信。"

"任何工作都能为他人的幸福做出贡献，这取决于你。当然，有些工作容易完成，有些工作完成起来有难度。但只要你为了他人的幸福做了力所能及的事，就是有价值的，也会产生利益。"

➡ 减少固定成本

"下面来说说固定成本。固定成本也称'固定费用'，包括房租、水电费、租赁费、广告宣传费、折旧费等费用。"

"嗯，就是说固定的费用吧。"

"也不是说固定的费用，而是和销售额不挂钩的费用。当然这些费用也会有变动。举个例子，广告宣传费每个月都有增减，但不可能和销售额成正比，所以就成了固定费用。不过严格来说，与销售额挂钩的广告费用属于变动成本。"

原来是这样啊。固定费用并不是指每年都不变的费用。

"判断广告宣传费要花到什么程度的时候，边际利润的思维方式也很有用。假设投入10万日元的广告费，销售额就会增加20万日元，你觉得应该投放这个广告吗？"

"当然。如果增加的销售额超过广告费的话，投放广告不是有利可图吗？"

"这个嘛，根据边际利润的不同，答案也会不同。举个例子，现有一件售价为1000日元的商品，其变动成本为300日元，边际利润为700日元。假设该商品销售额增加20万日元，即销售个数增加200个，在变动成本率不变

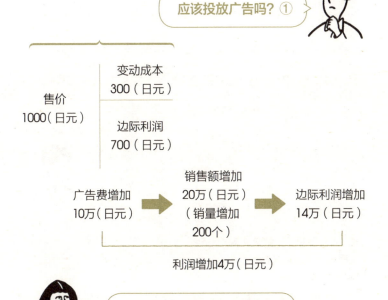

的情况下，则边际利润增加14万日元。这样的话广告费增加10万日元，利润也会增加4万日元，这种情况下应该投放广告。"

卢卡·帕乔利一边在笔记本上写一边说明。

"但是，如果是售价为1000日元，变动成本为700日元，边际利润为300日元的商品，销售额增加20万日元，也就是说销量增加200个，则边际利润只能增加6万日元。如果增加10万日元的广告费，那么利润就会变为负4万日元。因此这种情况下不应该投放广告。"

应该投放广告吗？②

售价
1000（日元）

变动成本
700（日元）

边际利润
300（日元）

广告费增加
10万（日元）
→
销售额增加
20万（日元）
（销量增加
200个）
→
边际利润增加
6万（日元）

利润减少4万（日元）

利润减少，故不应该投放广告。

我以为花费10万日元的广告费能增加20万日元的销售额就应该投放广告，没想到根据边际利润的不同结果也会完全不同。

"总觉得销售额增加就好了，但重要的是边际利润。不明白这一点的人出乎意料的多。有的经营者会烦恼，为什么投入了广告费，使销售额增加了，利润却没有增加呢?"

"是啊。而且损益表上也没有边际利润这一项。"

"说回固定成本，反过来说，如果能降低固定成本，即使销售数量减少，也能确保利润。固定成本很容易造成浪费，因此，如果仔细查看每一项固定成本，会发现还是有很大的下降空间。"

"我们公司对业务招待费的管理也比前几年更严格了。我刚进公司的时候接待活动很频繁，现在已经减少了很多。"

"金钱有成本，因此有责任赚到超过资本成本的钱。如果具备这样的会计力，就不会产生不必要的固定成本，造成浪费。如果过度浪费，则说明缺乏赚到超过资本成本的钱的责任意识，也就是欠缺会计力。"

没错。我也是在有了会计力的意识之后，才开始注意不要浪费经费，以前完全不在意。

"我感觉整个公司都在提高这种觉悟。不过，公司太抠门的话，大家会很拘束吧。"

"太抠门当然不是好事，过分小气则无法创造价值，自然也就不会产生利润，关键在于能否灵活使用金钱。为了赚钱而进行的有效投入要果断，不能赚钱的无效浪费要减少，这种观念很重要。"

➡ 提升销量

"增加销售利润的第三种方法是提升销量。正如刚才讲的，降低价格或增加广告费都会提升销量，它们之间是有关联的。在此我们不考虑这其中的关联，单纯地思考提升销量的方法。你认为怎么才能提升销量呢？"

"那还是开发新客户吧。我每个月都在开发新客户。"

"是的，开发新客户也很重要。不过与此同样重要的是维护老客户。通过维护现有的老客户，提高他们的回头率或者让其介绍更多客户，这远比开发新客户更有效率。因为开发新客户需要从零开始建立信任关系，这需要花费相当长的时间。"

没错，小林女士也说过类似的话。她说开发新客户的成本是让老客户成为回头客以及帮忙介绍客户的成本的好几倍。

"最重要的是创造价值，为客户创造幸福。如果能做到这一点，客户自然会成为回头客，也会为公司介绍更多客户。如果忽视这一点，只顾着开发新客户，不但不会增加新客户，还会有老客户流失的风险。"

"是的，我明白了。只是刚才被您这么一问，我下意识地就想到了开发新客户。"

"当然，开发新客户也很重要。世界上还有很多潜在客户，要通过广告结识新客户，激发他们的兴趣，与他们建立信任关系，让他们购买产品或服务，并成为忠实客户。这一过程非常重要，因为无论多出色的商品或服务，如果遇不到需要它们的人则毫无意义。通过合理的设计实现上述过程，就是市场营销❶。"

"看来有必要学习市场营销的知识啊。"

什么是市场营销？

认知
兴趣
信任
购买
忠实客户

市场营销就是通过合理的设计让潜在客户成为忠实客户的过程。

---

❶ 创造出客户真正需要的产品或服务，传递信息，让客户有效地获得价值的一系列活动和思维方式。

"自己创业的话，市场营销的知识是必备知识。学会了会计力和市场营销的知识，你将如虎添翼。"

我也想掌握会计力和市场营销的知识，在公司工作的同时做投资以及开创自己的事业。

"市场营销方面有很多优秀的老师，找到适合自己的老师就可以了。相比起来，几乎没有人教会计力，所以就由被称为'现代会计之父'的我来教你吧。"

又自己这么说。不过我认为卢卡·帕乔利传授给我的知识已超越了单纯的会计范畴，在人生中也能发挥重要作用。

➡ 让钱增值的最大秘诀

"你也要好好实践我教给你的东西，真正地获得幸福。这就是我的愿望。"

卢卡·帕乔利温柔地说。突然这么感慨，这是怎么了？

"一定会的！但是您为什么突然说起这个呢？"

"虽然听起来很矛盾，但真正的幸福其实并不需要那
么多钱。"

卢卡·帕乔利没有回答我的问题，自顾自地说着。

"花费双倍的钱并不等于会收获双倍的幸福。法国的
红酒比意大利的红酒贵，但意大利的红酒更好喝。"

这样说是因为卢卡·帕乔利是意大利人吧。不过花费
双倍的钱不等于会收获双倍的幸福这一点我很赞同。

"重要的是对幸福的敏感度。如果你能拥有对幸福的
高度敏感，那么仅仅是在有山有海的地方就会感到幸福，
不花钱也能感受幸福。反之，如果你对幸福敏感度低的
话，无论花多少钱内心也无法得到满足。可以说，让钱增
值的最大秘诀就是让自己幸福。"

"让自己幸福是让钱增值的秘诀。感觉很深奥呢。"

"说得好吧，谁让我是修士呢。"

说完，卢卡·帕乔利自豪地指着胸前的十字架。

"更进一步说，当自己被爱和幸福填满的时候，就会想要让他人幸福，也就是说能够创造价值。只要能创造价值，就能赚钱。说到底，金钱的来源是爱。"

"金钱的来源是爱。太奇妙了，我从来没有这样想过。"

"能持续赚钱的人，无一例外，都是内心有爱的人。没有爱的人也能赚钱，但是不能长久。归根结底做生意的基础还是爱。"

"是啊。印象中有钱人总是会干点什么坏事，其实并非如此。"

"那是媒体制造的印象。通过灌输一种有钱人都会做坏事的观念给大家洗脑，让普通大众不要成为有钱人。"

如果真是这样，那我完全被洗脑了。

"赚钱是神圣的行为。能赚钱的人是被人信任的。那些做坏事的人即使暂时能够赚到钱，也不能持久。"

"这么说来确实如此。有钱人都会干坏事，这完全是洗脑。"

"赚钱的最大秘诀是爱，最后都会去往爱的方向。Amore[1]！"

卢卡·帕乔利不愧是意大利人啊。

"能做到爱自己，满足自己，你就能创造价值，也能赚到钱。如果能使自己得到满足，你就会觉得很幸福，也就不需要那么多钱。所以如果能用多余的钱为他人带来幸福的话，你就能赚到更多的钱，这是一个良性循环。"

"但是满足自己也并非易事，为此也需要钱，没有钱就无法满足自己。如果不能满足自己就无法赚到钱，这样就陷入了一个恶性循环。"

"我听说过'自我满足很重要'这个说法。但是满足自己需要金钱，如果金钱焦虑太过严重，就没有多余的钱来满足自己了。"

"没有这回事。要满足自己，有钱再好不过了。但是

---

[1] 意大利语，意为"爱"。——译者注

没钱也能满足自己，也能爱自己。人真正需要的东西在自己心里。"

"人真正需要的东西在自己心里。太抽象了，我不是很明白。"

"这个需要时间慢慢体会。幸福不是向外寻求得来的，而是根植于自己的内心。不管怎么说，我也好，你也好，所有人都是和宇宙相联结的。"

"和宇宙联结……"

虽然话题太过宏大，我不能完全理解，但和卢卡·帕乔利交谈时，我总会有醍醐灌顶的感觉，真是不可思议。

"我没想到您能从会计的话题延伸到这么宏大的话题。"

"很深奥吧？把这个套用在刚才的三种方法上吧。"

"增加利润的三种方法吗？"

这个哲学性的话题，和刚才的增加利润的话题有关联吗？

"是的。首先是增加边际利润，也就是提高价值，这就是爱。就像我刚才说的，爱自己、满足自己，才是创造幸福的秘诀。"

"嗯，这个我知道。"

"能做到自我满足的话，即使不花多余的钱也会感到幸福，固定成本也会减少。"

"是啊，会减少浪费。"

"自我满足，就能将幸福传递给更多的人。也就是说，获得幸福的人数增加了。"

"原来如此。从这个角度思考，爱自己、满足自己和增加利润的三种方法都是有关联的。"

"没错。工作和人生也是如此。无论是工作上的成功，还是人生的幸福，都是以爱自己、满足自己为基础的。"

正如卢卡·帕乔利所言，一切都是联系在一起的。工作和人生如此，所有重要的事情都是如此。

"最后要说的是，爱是光明与黑暗的统一。"

"光明与黑暗的统一？"

卢卡·帕乔利的最后这句话让我很在意。但比起这

个，我第一时间对"光明与黑暗的统一"这句陌生的话做
出了反应。

"会计的世界也是如此。既需要资产，也需要负债。
资产增加则负债增加，反过来，负债增加则资产也会增
加。只想要资产但是完全拒绝负债，这是没有道理的。"

"这倒是，会计需要同时记录借贷。"

"人也是一样。人身上既有光明的部分也有黑暗的部分，这就是所谓阴阳。如果能做到自身光明与黑暗的对立统一，也就能接受他人的光明与黑暗，明白吗?"

"嗯……好像有一点明白了。"

"这个嘛，现在不明白也没关系，只是这是你今后成为领导时必须拥有的智慧。要记住，这种智慧就蕴藏在会计中。"

"我明白了。会计真的很有深度，它是一座智慧的宝库。"

"如果你能理解到这一点，那我也算得偿所愿，我的使命也就光荣结束了。"

"什么?!"

卢卡·帕乔利的话让我慌了神。等一下，已经结束了吗? 我还想继续向他学习。

"今后你要把会计力传授给更多的人啊。"

"请您等一下，我还想多跟您学习。"

"我差不多该回去了。这半个月很开心，提拉米苏也很好吃。"

"请您不要这样说，我还没有做好心理准备。"

"天下无不散之筵席。你已经掌握了基本的会计力，今后只要灵活运用它就好了。"

说完，卢卡·帕乔利伸出手来跟我握手。

"谢谢你，这段时间我很开心。"

"拜托，请您不要走。"

泪水夺眶而出，模糊了我的视线。

"不要说这样孩子气的话。"

"如果您不在了，我该向谁学习会计力呢？请您不要走。"

"你呀，会计力并不是我的专利啊。"

卢卡·帕乔利笑着说。

"虽然我被称为'现代会计之父'，但复式簿记的结构也不是我想出来的，而是由商人们创造并不断改良的东西，我只是对它们做了书面总结而已。会计力也是这样，我只是告诉你如何将会计的智慧运用在人生中。我相信就算没有我，你也能在工作和生活中好好运用会计力。"

我还想向卢卡·帕乔利多学点东西。今后必须靠自己了吗？

"我知道了。但是我还能再见到您吗？"

"会的，我还会再来吃提拉米苏的。"

"好的！我等着您！"

我擦干眼泪，坚定地说。

"再次谢谢你啦，小伙子。"

"是我非常感谢您才对。"

我用力握住卢卡·帕乔利的手，刚刚擦干的眼泪又不争气地流了下来。但这不是悲伤的眼泪，而是面对与卢卡·帕乔利相遇的奇迹而流下的喜悦的泪水。

"帕乔利先生呢？"

回过神来才发现不知何时卢卡·帕乔利的身影早已消失不见，只有我手上还残留着他的余温。

▮ 第5章　要点

　　为了判断商品的定价、商品应该降价到何种程度以及应该投入多少广告宣传费，必须把握商品的损益结构，尤其是边际利润。由于边际利润的思维方式不在商业簿记的范畴之内，所以很多具备会计知识的人对此也并不了解，但这对销售人员和自主创业人员来说却是不可欠缺的知识。请一定要关注自己公司的产品以及各项业务的损益结构。只要养成从边际利润的角度出发来思考问题的习惯，做到这一点并不困难。

　　此外，还要注意创造利润的三种方法。即增加边际利润、减少固定成本、提高销量。特别是创造价值以增加边际利润的观点非常重要。商业的本质是创造价值。自己为谁创造了什么样的价值，以及如何将这些价值传递给客户，将其转化为金钱，只要时刻意识到这一点，你的工作和事业就会得到切实的改善。

所谓工作，就是利用自己本来的优点，为他人创造价值、为他人创造幸福的神圣的行为。很多人对做生意和赚钱抱有消极的印象，但做生意的真正价值在于为他人带来幸福。请务必带着这样的意识投入到工作中去。

正如卢卡·帕乔利所言，创造利润的三种方法也适用于人生。这一切的根本，就在于爱自己、满足自己、顺应自然。

而且，爱是光明与黑暗的统一，这和借贷协调的会计思维也有关联。说到会计，人们往往认为它是无趣且肤浅的东西，但如果通过我和卢卡·帕乔利的对话，能让大家感受到会计的深奥和美丽，我将由衷地感到高兴。

第5章 总结

◎ **副业**

要做让自己灵魂愉悦的工作

不尝试就不知道

拥有多项收入来源才能应对挑战

◎ **增加利润的三种方法**

①增加边际利润→创造价值（客户的幸福）

②减少固定费用→减少浪费

③提高销量→维护老客户以及做好市场营销

◎ **卢卡·帕乔利的留言**

- 提高对幸福的敏感度

- 使金钱增值的秘诀是自己获得幸福

- 有钱人都会干坏事的印象是洗脑

- 赚钱的秘诀是爱

- 人真正需要的东西在自己心里

- 所有人都是与宇宙相联结的存在

- 爱是光明与黑暗的统一

结 语

　　自从我和卢卡·帕乔利分别之后，已经过了一年的时间。

　　从那以后，我在心中时刻提醒自己：金钱需要成本；有责任赚到超过资本成本的钱；要借助他人的力量灵活利用杠杆；要有时间轴意识并加快资金周转；要了解损益结构，创造价值。

　　我对工作的态度也改变了，工作效率提高了不少，还获得了3次月度销售冠军。我还清了信用卡账单，存款额也达到了约为3个月收入的金额，增加了定投和iDeCo（日本个人养老计划）的投资金额，也开始投资看好的公司股票。学习房产投资很有意思，我也看了几处房子，渐渐明白了房产中介推荐的房子其实并没有那么好。

在我的"人力资本资产负债表"上榜上有名的人也在不断增加。帮助我的人越来越多，已经超越了部门，甚至超越了公司的范围。对于帮助我的人，我会真诚地表示感激，也会更加爱自己。因为自己得到了满足，所以也不会乱花钱，金钱自然会增加。一年前的我完全无法想象自己能过上这样幸福而又充实的生活。

此外，我教给部下石川的会计力备受好评，公司甚至为此召开了内部学习会。我也于半年前开始在外面开办会计力培训班，以此作为副业。我从没想到有一天教授会计力会成为我的工作。不过现在大学时代的好友前田和涉谷也加入了进来。尽管这是我在公司外的副业，小林女士也很支持我，还为我的培训班担任特别讲师。当然，我会付给小林女士授课费。

我还开始学习市场营销的相关知识。可能是因为将会计的智慧运用于人生这个视角很新颖吧，我第一次在社交网络上发布宣传信息后，有3名新学员加入。之后随着培训课程的进行，学员也越来越多。

据我所知，很多人对会计有误解，认为它很无趣，并且在欠缺会计力的情况下被金钱牵着鼻子走。我教过的人，都改变了对待工作的方式和金钱的使用方法，不再为钱所困，能够幸福地生活。也许教授会计力就是我的天职吧。

我交了新的女朋友，她是来培训班听课的，比我小一岁。她之前的男朋友花钱大手大脚，她甚至还曾为前男友办了信用贷款。但在参加了我的培训班之后，她意识到这件事不对劲，于是和他分手。几个月后我们开始交往。

"遇到你之后我的人生真的改变了很多。如果没有遇到你，我可能会一直背负着债务。"

"那样下去会很危险的。我们能在那个时间点相遇真是太好了。"

"虽然我们只相差一岁，但我感觉你非常稳重。能够将会计知识转换为人生的智慧，我觉得这很厉害。"

被女朋友这么说，我既开心又很不好意思，并不是我增长了人生的智慧，这些知识全部都是卢卡·帕乔利教给我的。但是，我怎么可能说自己是从文艺复兴时期的"现代会计之父"那里学来的呢？

"你是从哪里学的会计力呢？有老师吗？还是从某本书上读到的呢？"

真为难啊。这下我该如何解释？

"嗯，这是我跟一位老师学的，不过那位老师已经去世了。"

"原来是这样。可是你继承了这位老师的遗志，我想他一定会很欣慰的。"

是啊，我继承了卢卡·帕乔利的遗志。传授会计力，将其灵活运用于人生。让更多的人摆脱金钱焦虑，灵活使用金钱，过上幸福的生活。也许这就是我的使命。

"我很幸运能与你相遇。"

"谢谢，我也是。"

我本想说我们结婚吧，但那应该放在培训班事业走上正轨，也通过投资获得一定程度的非劳动收入之后。即使我生病、受伤或发生突发状况，也能拿出维持家庭的最低收入，如果能做到这样再求婚吧。

我暗暗下定决心。

"你小子很用心啊，我很欣慰。"

突然，我觉得自己好像听到了卢卡·帕乔利的声音，他一定在某个地方守护着我吧。

"帕乔利先生，谢谢您。"

我在心里喃喃自语。

后 记

　　本书不是传授会计知识的书，而是传授将会计智慧灵活运用于人生的思维方式以及会计力的书。

　　会计力这个词是我自己创造的，就像金融力和媒体力等常用术语一样，比起单纯地增加知识，更强调将知识灵活运用于人生的智慧，这一认知正在广泛普及。会计也是如此，可以灵活运用于人生的智慧比会计知识更重要，它有助于我们追寻幸福人生。为了让更多人感受到这一点，本书在形式上采用了和前作《成就幸福的企业》(日本实业出版社)一样的故事形式。

　　本书的主人公卢卡·帕乔利是被称为"现代会计之父"的意大利数学家兼修士，他于1494年在世界上首次以书籍的形式对复式簿记进行了学术性的说明。

　　高中时代的我深信商业改变世界，于是大学进入商学系学习商业。不料在学校遇到了同年级的天才，自知怎么也赶不上他。既然这样不如不和别人比较，自己好好掌握专业知识吧，抱着这样的动机，我开始了注册会计师的学习。

　　也就是那个时候，我邂逅了会计，感动于其体系之美，当时我想，发明这个体系的卢卡·帕乔利简直太厉害了。但实际上这个体系并不是卢卡·帕乔利发明的，据说是卢卡·帕乔利将在商人之间使用并不断改良的复式簿记进行了学术总结。可以说，卢卡·帕乔利继承了先人们的智慧和遗志，而我们又将继承先人们以及卢卡·帕乔利的智慧和遗志。

　　无论如何，卢卡·帕乔利于1494年在学术上确立的复式簿记方法，在500多年后的今天依然在使用，可以说是很具普遍性的方法论。

　　虽然有很多人认为会计很无趣，但如果能通过本书向大家稍微传达会计的深奥与美丽，我将倍感荣幸。

实际上书中的主人公松井真一，就是过去的我自己。

我在25岁时出版了《轻松学会计》一书，这本书现在是2020年日本最畅销的会计入门书。尽管自己掌握了这么多的会计知识，但我却没能将它们灵活运用于人生。

我曾在野村证券公司和埃森哲股份有限公司从事了11年的并购、咨询等工作。2008年年末我以"创办让人幸福的公司"为理念自主创业，那之后的人生可谓跌宕起伏。

创业初期非常顺利，三年内公司业绩稳步上升，我的收入比上班时期高出了好几倍。但是也正因如此，我逐渐迷失了对金钱的感觉，在拥有美丽夜景的高层建筑内设立办公室，把钱浪费在不能增值的东西上。

2011年，一位热情的年轻人前来拜访，希望我能给他一个工作机会。当时我的事业主要是企业经营顾问和经营培训，所以没有必要雇佣员工。但既然我从事的是"创办让人幸福的公司"的咨询工作，我就必须雇用员工，让他们幸福。被这种莫名的使命感驱使，我在没什么工作要交给他的情况下录用了这位年轻人，之后又连续雇用了三名员工。

但是，我并没有工作可以交给员工，于是我减少了自己的工作，把时间花在与员工的交流以及对他们的教育上。在员工提议下开展的新业务也失败了，公司的现金不断减少。

最后终于现金见底，债台高筑。于是我做出了用个人信贷给员工发工资的愚蠢行为。这是一种年利率为15%的高利贷，在本书中，被卢卡·帕乔利称为"恶魔的商业法则"。

虽然我有足够的会计知识，可以写会计入门书。但我却没有好好利用这些知识，以至于经历了为钱所困、被钱牵着鼻子走的人生。

后来，我冷静分析了自己为何会陷入这样的窘境，察觉到自己并未好好运用会计的智慧。随即改变了长久以来的思维模式和用钱方式，人生也由此发生了很大的改变。

如今，在经营多项事业、拥有稳定投资的同时，我还举办了传授会计智慧的学习会，从中获益的人也日益增多。

虽然本书没有详述，但在掌握会计力和市场营销的知识的基础上，真正重要的是爱自己、满足自己、想象自己和宇宙的联结，爱是光明与黑暗的统一。

最后，继前作之后继续给我很多帮助的包括前川健辅先生在内的日本实业出版社的各位老师，通过工作教给我宝贵智慧的客户和商业伙伴们，还有一直以来温暖守护着我的家人，在此表示衷心的感谢。

带着爱与感激。

天野敦之

2020年2月